社会化媒体
营销大趋势
——策略与方法（第2版）

唐兴通　著

Social Media Marketing

U0360587

清华大学出版社

北京

内 容 简 介

面对社交网络尤其是微博的流行，企业如何应对？本书是作者多年从事网络营销实战的总结，揭示了社会化媒体如何改变了营销和企业运营的规则，系统总结了社会化媒体营销及新营销，介绍了各种不同的社会化媒体，包括社交网络、微博、博客、视频、百度百科、BBS 等，并对如何在实际工作中应用众多社会化媒体工具给出了具体的指导。涉及到社会化媒体的定义、新营销策略、营销方法论、社会化媒体营销评估、移动互联网与新营销、社会化媒体与商业等。

对中国的广大企业来说，本书所讲述的内容非常有价值，可以帮助企业通过社会化媒体营销提升销售业绩、品牌美誉度。本书适合对社会化媒体、网络营销、电子商务感兴趣，想低成本在网上销售、推广的读者，尤其适合大专院校网络营销及电子商务专业的学生、网络营销从业人员以及向互联网化转型的传统企业。

图书在版编目（CIP）数据

社会化媒体营销大趋势：策略与方法 / 唐兴通著.-2 版.—北京：清华大学出版社，2012.10（2024.9重印）

ISBN 978-7-302-29698-0

Ⅰ.①社… Ⅱ.①唐… Ⅲ.①传播媒介－市场营销－研究 Ⅳ.①G206.2

中国版本图书馆 CIP 数据核字（2012）第 187371 号

责任编辑：王金柱
封面设计：王 翔
责任校对：闫秀华
责任印制：沈 露

出版发行：清华大学出版社
　　　　网　　　址：https://www.tup.com.cn，https://www.wqxuetang.com
　　　　地　　　址：北京清华大学学研大厦 A 座　　　邮　　编：100084
　　　　社 总 机：010-83470000　　　　　　　　　邮　　购：010-62786544
　　　　投稿与读者服务：010-62776969，c-service@tup.tsinghua.edu.cn
　　　　质量反馈：010-62772015，zhiliang@tup.tsinghua.edu.cn
印 装 者：天津鑫丰华印务有限公司
经　　销：全国新华书店
开　　本：170mm×230mm　　　印　张：16　　　字　数：359 千字
版　　次：2011 年 5 月第 1 版　2012 年 10 月第 2 版　　印　次：2024 年 9 月第 3 次印刷
定　　价：49.00 元

产品编号：048364-02

谨以此书献给我的父母

唐兆明，沈耀珍

推荐语

（按推荐人姓氏笔划排序）

唐兴通的《社会化媒体营销大趋势——策略与方法》是一本营销界急需的书。之所以这么说，是因为由于科学技术的进步以及消费习惯的改变，会导致营销和传播方式发生巨大的变化，营销人必须迅速跟进以适应这种变化。作为营销界的老兵，我要感谢兴通这本书。

——叶茂中营销策划机构 CEO

叶茂中

一直不喜欢在互联网后面加上"媒体"二字，不管是网站、论坛、博客还是微博，每一次这些伟大的创新迸发出的鲜活的力量都使人兴奋不已。还记得它曾使那些忽视其存在的广告巨头们多么战栗、惶恐、狼狈？才迫不及待千方百计地用"媒体"把它框住，纳入陈腐的理解和商业范畴？自由、分享、创新，是我理解的互联网的精神，社交网络平台也是这样，它所构筑的生态环境亦如此。它们中的佼佼者永远不会被禁锢，因为他们早已并且不断在超越！希望本书带给我们某些超越禁锢的力量与洞察。

——上海通用汽车客户关系管理总监

刘磊

品牌从此生存在人格化的生态中，所谓社会化媒体营销无非暗指新的玩法。但营销想象力的起点依然是消费者洞察，从这个意义上说，本书提供的趋势更多体现为一种逻辑：对新生态和新规则的理解，自然也包含对新玩法和新工具的体验。

——京东商城集团高级副总裁

吴声

Facebook、Twitter 带动的全球化社会化网络的浪潮，微博、博客已经进入普通网民的生活，这也必将改变未来营销的方式。《社会化媒体营销大趋势——策略与方法》是值得你详细阅读、应对未来的好书。

——艾瑞咨询集团 CEO

杨伟庆

社会关系在互动中产生，社会网络在互动中构建。这其中的一个基本原则是分享，在分享的过程中体现社会资本的增值，最终收获商业上的成功。《社会化媒体营销大趋势——策略与方法》非常成功地展示了如何赢得这场全新的营销革命。

——北京大学新闻与传播学院教授、北京大学创意产业研究中心主任

杨伯溆

在媒体社会化、营销媒体化的今天，传统的营销模式面临解构，一种针对分众、社群甚至个体的营销体系正在形成。以微博、SNS 为代表的社会化媒体营销，需要在确保一定的传播覆盖面的前提下，实施精确的定向传播；需要在确保公共

III

传播质量的前提下，拿出许多时间同消费者进行有效地交流。兴通的《社会化媒体营销大趋势——策略与方法》以大量的实战性案例讨论和分析了各种媒体营销的策略与方法，对企业实际操作具有重要的指导意义，值得细读。

——浙江大学人文学部副主任、传播研究所所长

邵培仁

我们一直认同：品牌印记的形成，不是品牌方自己来讲故事，而是品牌和受众一起去达成一种默契。在这个过程里，应该有互动、有沟通、有共同的成长。

新兴的微博营销，无疑为这种"默契"的形成，增添了更为适宜的渠道。作为众人共睹的媒体新势力——微博，以不可比拟的扩散速度与亲和力，让彼此对话变得更加及时、真切和自然。品牌和消费者，都找到了更直接、更深入沟通的方式——而这，就是微博与营销最相得益彰的地方了，因为营销的本质原就是沟通。

——飞亚达销售公司总经理

杜熙

网络和社会化媒体的出现改变了以往的社会沟通和人际交往模式，同时也为企业的营销传播提供了一个很好的舞台。许多优秀的企业已经意识到了这一点并借此开始了一些有益的尝试，作者敏锐地看到了这一点，在大量案例分析的基础上，对社会化媒体环境下营销传播的规律进行了总结，其中的一些案例、观点视角独到，值得一读。

——清华大学教授、网络营销专家

姜旭平

Social Network 不仅仅是 SNS，是互联网母体未来的主形态，更是互动营销未来不可旁置的核心网路；所以，对于 Social Network 及其 Media 媒体传播与营销特性的认知、实践，就成了营销领域的下一步，以及最重要的那个 The Big Thing；以人为中心、以关系为基础的网络，互动、分享、口碑、营销、广告、电子商务等尽在其中；唐兴通的《社会化媒体营销大趋势——策略与方法》，非常有助于我们把握浮现中的未来！

——DCCI 咨询机构总经理

胡延平

社会化媒体不仅改变着营销的模式，也在改变着整个的传播模式与传播格局。理解社会化媒体营销，也就是在一个层面理解社会化媒体的传播机制，甚至是未来的传媒。唐兴通的《社会化媒体营销大趋势——策略与方法》，不仅可以给营销人带来新灵感，也可以为媒体人带来新思维。

——中国人民大学新闻学院博士生导师

彭兰

对任何社会组织来说，社会化媒体都是一个新的机遇，适应了就可能渐入佳境；社会化媒体也是一个新的挑战，适应不了就可能一蹶不振。怎样才能抓住机遇、应对挑战？唐兴通的《社会化媒体营销大趋势——策略与方法》会给你指点迷津。

——新华社新闻研究所研究员

唐润华

　　社会化媒体的兴起，给营销带来许多激烈的冲撞，它正以"润物细无声"的方式改变企业的运营，它给每一个企业带来了思考与变革的动力。企业在新环境下如何更好地驾驭市场营销活动？《社会化媒体营销大趋势——策略与方法》会给你一个不一样的思考路径。

——科特勒集团中国区总裁

曹虎

第 1 版仅在出版后数月便告售罄，给笔者提供了一个机会，继续出版《社会化媒体营销大趋势——策略与方法（第 2 版）》。在第 1 版出版之后笔者收到许多读者的反馈、媒体的报道、企业演讲的邀请。在此谢谢大家给予的反馈和帮助。

正如笔者在研究的《网络社会学》中发现：随着线下（Offline）社会和线上（Online）社会的融合，互联网上虚拟社区的治理、不同社区人群的管理、社群在线行为学、网络的社会心理学等话题都有待深入的去琢磨。传统的社会学理论搬到互联网上来未必会适用，尤其是中国特色的互联网生态系统。企业在应对社会化媒体、移动互联网的蓬勃发展上，更多的是手足无措，一片茫然，其实本质问题还是要了解消费者。我们企业的消费者现在活跃在哪些互联网媒体上？他们的使用度是怎么样的（重度使用、折中使用、轻微使用）？如果我们不懂消费者的媒体消费变化，而去谈什么新媒体营销、网络传播，都是不靠谱的行为。

从营销传播的效果上讲，无外乎传播的广度和深度。在大众传播时代，我们更多关注的是传播的广度，例如上个世纪的 90 年代，电视在品牌传播中的应用。碎片化传播时代，企业再想通过一次性、集成式的方式来开展营销传播已不太现实。目标客户散落在媒介环境中，更多的消费者都以社群的方式散落在互联网平台上（新浪微博、优酷、豆瓣、天涯等）。传统的 4A 广告公司运营方式也将终结，大规模的媒介采购将切割成多个模块，时间也将拉长为 365 天，而不是之前阶段性的投放。

社会化媒体营销带来的变化是：企业需要花更多的时间和人力来和消费者对话。许多企业营销思维模式是获得海量的注意力，但最终的转化和效果取决于软性的"信任"。营销游戏规则已悄然发生变化——企业需要从广告思维走向为社交网络提供服务，真诚的帮助用户构建基于兴趣或产品的圈子（社群），获得用户的信任。互联网营销从之前的营销数据派，为 SEM、CPS、联盟营销转到抢占网民的攻心战。孰优孰劣，不可武断之。不同的行业、不同的企业、不同的阶段，新媒体营销需不同的搭配，豪华型（烧钱）的组合效果未必就好，适合的才是最好的。

企业要想更好的玩转社会化媒体营销，需要从市场营销、社会心理学、消费行为学、互联网科技等方面综合思考。笔者最近在关注互联网下（尤其是社交网络时代），人们在互联网上的社交、商业行为、政府管理等，未来将是一个很有意思的"线上社会"。只有很好地洞察了社群的行为、群组的管理、在线传播行为、社会心理学，才可以在这个线上社会中获得竞争力。

本书第 1 版是国内第一批社会化媒体营销方面的专著，由于系统解读社会化媒体，加之篇幅所限，原书对案例的解读偏少，对微博的实际操作方面也不够全面，这次作了较大修改，增加了许多内容。除系统阐述微博运营的策略、实际操作之外，还补充了大量的社会化媒体营销案例，从实际案例解析的角度剖析社会化媒体营销，加强了图书的实用性。

我在聆听你的反馈在新浪微博上@唐兴通，或写下#社会化媒体营销大趋势#。我们一起探讨社会化媒体，迎接信息社会的到来。

是为序！

唐兴通

2012 年 9 月

社会化媒体是未来

互联网的商业模式有三个层次，最底层以产品为中心，其次是以平台为中心，而最高层则是以社区为中心。

每隔一百年，媒体就会发生一次变革。上一个百年被定义为大众媒体的百年。而在下一个百年里，信息将不仅仅是被推销给人们，而是在人们所处的无数个链接中被分享。链接更多源自基于关系的传播，核心点为：分享+关系。百度和谷歌建立的是信息推荐引擎，而社会化媒体建立的是关系推荐引擎。信息推荐使商业广告的效果更容易衡量，关系推荐使人与人之间交往的商业效果变得更容易衡量。在关系交易过程中，各种联系人都有可能获益，这样就把信任关系的效率最大化。社交网络环境下的信息不是推销给网民，而是通过平台的人对信息分享、连接，基于关系的"信任推荐"将是未来网络营销的圣杯。

营销的回归最终是人

互联网真正的魅力并不在于其新颖的功能、华丽的界面或先进的技术。互联网的魅力是一种返祖式的倒退，退回到史前人类对讲故事所怀有的场景之中：集市是文明的中心地带，是商贩们带着具有异国风味的香料、丝绸、猴子，还有奇妙的故事，从遥远的大陆来相聚的地方。互联网其实就是一个古代集市。

社会学家 Mark Granovetter 观察弱链接也是有力量的。之前我们的点头之交而非朋友，是我们获得新想法和信息的最大来源。互联网以非凡的功效使我们能够利用这种遥远联系的力量。在创新扩散、跨学科合作、匹配买卖双方、处理与约会相关的琐事方面，社交媒体都能完成得相当漂亮。

互联网上的网民是散落在各个"部落"之间强有力的部落群体呈现：

- 相似文化产生的统一性
- 频繁发生的友好接触
- 特定的沟通利益

苦难的压力和来自外部的敌意可以加强部落群体的意识，压力越大，反抗越强，部落内感情越统一。

网民之所以加入某个群体（群组），是因为他们信任的人也在其中。网民越来越依赖各种过滤器、标签功能和智能的引擎来检索真正需要的信息。消费者的注意力将成为稀缺资源！

社群行为（Social Behavior）是指同种动物间或异种动物间的集体合作行为。表现为暂时的和松散的集群现象，更典型的是动物组成一个有结构的永久性社群，其中有明确的分工和组织（如阶级和优势序位现象）。

社会心理学中"群体无意识"源于荣格的《论分析心理学与诗的关系》，即人类在集体无意识中保存着祖先积累的知识。集体无意识的内容是原始的，包括本能和原型。它只是一种可能，以一种不明确的记忆形式积淀在人的大脑组织结构之中，在一定条件下能被唤醒、激活。

社会认同（Social Proof）是指一种群体影响力，简单说来，就是个人在群体中的从众心理，人们倾向于认为他人比自己更加了解所处的情况，他人的行为也总是合理和正确的。"社会认同"心理能对大量用户在做决策行为时产生直接的影响。传播中，用户评论的例证加速受众的购买决策。

社会化媒体应对

互联网之父 Tim Berners-Lee 认为：Web 1.0 是基于信息的网络，Web 2.0 是基于人的网络，那么 Web 3.0 将是基于开放的结构化数据的网络，倾向于让计算机自主阅读和理解互联网。社交网络成为一个集中化的平台，一个封闭的内容仓库，用户不能完全控制自己发布的信息。社交网络的应用越普遍，Web 就会变得越支离破碎，我们就越无法享受到一个完整的、统一的信息空间。

社交网络不同于普通的基础网络，是建立在真实人际关系基础上的，对网络的结构特点进行研究对于进一步推动网络的发展具有非常重要的意义，结构研究既包括简单的基础构造研究，例如网络规模、节点可达性、节点之间距离的衡量等等，也包括异常复杂的特殊结构研究，主要包括度数中心性（Degree Centrality）、亲近中心性（Closeness Centrality）和中介中心性（Between's centrality）等等。美国不少学者关注于网络中节点所处位置的重要性以及节点的聚集性、互惠作用等相关方面的研究。

Facebook 正准备把 5 亿用户转化为在线购物者。Facebook 力邀众多零售型企业到 Facebook 上开店销售商品，帮助零售商在 Facebook 开设店铺，并提供工具让网络用户一边购物一边聊天。消费者初到 Facebook 网站上去购物可能感觉还不太自然，用不了多久，他们就会习以为常。

Facebook、Twitter 以及 Yammer 等社会化媒体，实际上就是一个企业外部的社会化大数据库，如何进行有效的数据挖掘和分析，帮助企业提升商业价值，是企业要面临的新挑战。Informatica 公司的重点业务在开发基于社会化媒体的数据集成以及云数据集成产品。未来 5 年客户关系行业主旋律在于"社交型 CRM（Customer Relationship Management，客户关系管理系统）"，将社会化媒体功能融入到 CRM 中，利用 social CRM 系统为企业建立并维护客户关系，将成为企业发展的新思路。准确把握社交网络的脉搏可以促进变革，提高客户忠诚度，并刺激销售，提高服务质量。社交网站为面向客户人员提供了快速收集这类数据的能力。

海外社会化媒体热点话题有：

- 跨界社交网络中社交档案管理，并运用算法去解读需要结合社交网络分析（SNA）技术，这些是未来社交网络走向科学化、计量化的基石。
- 社交协同：如维基百科、协同办公（Collaborative Office）、众包等。这些将深度影响社会生活。
- 移动互联网和社交网络的融合。

社交分析指的是衡量、分析和说明人、话题和想法之间的互动与联系的过程，包括多种具体的分析技术，如社交过滤、社交网络分析、语义分析和社交媒体分析。社交网络分析工具对于了解社交结构和相互依存关系以及个人、团体或组织机构的工作模式都非常有益。移动社交网络现在只是"在移动设备上的社交网络"，因为它们本质上跟社交网站一样，只不过是通过移动设备来访问的。真正的移动社交网络，应该使移动设备真正成为你社交网络和生活方式上一个不可分割的组成部分，提供给人们完整的体验：通过移动设备来融合物理世界和虚拟网络的社交交互。

在本书写作过程中，个别地方参考了互联网上一些文章的观点，在此表示感谢。

对话笔者

我们的对话可以借助社会化媒体平台如社区、博客、微博、即时通信等。在阅读过程中发现好的语句，您的思考，您的心得可以将它发布到豆瓣读书、博客、新浪微博、搜狐微博等平台，也许我们会在那里碰面、交流。还可以通过以下方式直接与笔者交流：

邮件：Along5418@gmail.com

微博：http://t.sina.com.cn/along5418

博客：http://blog.sina.com.cn/along5418

目录 Contents

63 | **第 3 章
社会化媒体营销的策略与方法**

第 *1* 章
社会化媒体营销序曲

随着社交网络、微博、视频分享网站等众多社会化媒体平台的流行，企业如果不参与到社会化媒体平台中去，将失去许多和用户接触的机会。

社会化媒体的前世今生

社交网络（Social Network Service，SNS）是随着六度分隔理论在网络环境下的应用形成的虚拟的人际交往媒介。它可以让人们把现实世界中的人际关系拓展到互联网上，通过社交媒体平台来认识朋友的朋友，是维系网络中具有相对稳定关系的纽带，是一个具备一定开放性的组织。

笔者认为，Web 2.0 以 XML、Ajax 技术作为技术基础，以社交网络、微博客、视频网站和内容网站为核心，以海外的 Twitter、Facebook、Flickr、YouTube、Craigslist、LinkedIn、Delicious 等网站和国内的新浪微博、人人网、豆瓣网、优酷网等网站为代表的新一代互联网模式。

Web 2.0 的主要表现形式为：

- 用户生产内容和聚合方面，如博客、微博客、视频分享、相片分享。
- 社会协作方面，如维基百科、百度知道。

● 用户控制层面，如社会化书签、网络社交表现、博客等。

社会化媒体带来的传播方式的改革，不仅秉承了 Web 2.0 的用户参与创作互联网内容，同时让信息传播的方式发生了改变，从一对一、一对多到多对多的多向传播，形成了更多的信息集中区，可以更便利地传播信息。Web 2.0 是互联网建设的一种全新模式，这种模式改变了以往单向对用户输出信息，鼓励用户参与到互联网中去，用户自主生产互联网内容，实现用户网络行为的个性化、自主化等方面的新体验。

案例一：Levi's 拥抱社会化媒体

Levi's 采取了多个方式与社交网络融合。首先，Levi's 在自己公司网站"Levi.com"上嵌入了 Facebook 功能。Levi's 网站上所有的商品都附带 Facebook 提供的"Like"按键，看到商品之后，用户按"Like"按键即可登录 Facebook，所选商品及其信息会同步到其 Facebook 主页上。于是，浏览朋友的 Facebook，就能看到朋友关注哪些商品。

Levi's 网站提供"FRIENDS STORE"和"EVERYONE"两类标签。"FRIENDS STORE"记录自己的朋友所推荐的商品，"EVERYONE"可以浏览所有 Facebook 用户关注的商品。通过这一机制，"Levi.com"以极快的速度提升了在社会化媒体中的认知度。

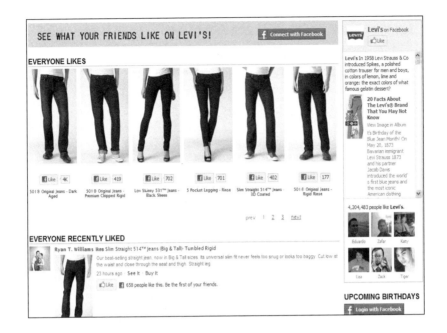

其实，将 Facebook 的这一功能嵌入到自己公司网站是非常容易的，Facebook 为开发者准备了"插件"。企业只需将这个插件安装到自己公司的网站系统上，就可以使用上述的"Like"等按键。

此外，Levi's 网站开展了增强用户参与性的研究。2010 年开始征集"Levi's Girl"。Levi's Girl 要求年龄在 18 岁以下、熟练掌握社会化媒体，并将自我介绍制作成 1~2 分钟的推广视频，发送到 Facebook 的粉丝网页，即可参与应征。被选中的 Levi's Girl 可以在该公司旧金山总部工作，还可领到 6 个月的工资，主要工作就是作为流行大使参加各项活动。

社会化媒体平台的分类

鉴于目前常见的社会化媒体分类是参照美国 Ross Dunn 提出的，社会化媒体分为：

- Social Networking Sites（社交关系网络）

- Video Sharing Sites（视频分享网络）

- Photo Sharing（照片分享网络）

- Collaborative Directories（合作词条网络）

- News Sharing Sites（新闻共享网络）

- Content Voting Sites（内容推选媒体）

- Business Networking Sites（商务关系网络）

- Social (Collaborative) Bookmarking Sites（社会化书签网络）

国外的社会化媒体平台有 Twitter、Facebook、Flickr、YouTube、Craigslist、LinkedIn、Delicious、Wikipedia 和 Google user group 等，国内的社会化媒体平台有开心网、人人网、新浪微博、优酷网、百度百科、如邻网、天涯社区、百度贴吧和豆瓣网等。

一个好的社会化媒体产品或者新的业态，需要用户需求与软件技术的很好结合。社会化媒体的平台设计需要整合社会学、心理学和计算机科学等方方面面的知识，只有从互联网用户的需求出发，利用现有的技术，才可以打造一个不仅仅是技术上的平台更重要的是 Web 2.0 用户层面的平台。

目前社会化媒体平台层面的热点问题有：

- 满足网民新的使用需求、精神需求的网络媒体平台。
- 社会化媒体商业模式的设计：免费的商业模式+盈利模式的策划。
- UGC（用户创作内容）、用户协同工作、无组织组织的商业价值开发。
- 新商业的构建，涉及新的组织架构、新经济、新伦理、新媒体、新社区等多方面。
- 互联网对社会、政治、生活等方面的冲击和影响。

社会化媒体的微趋势

EMarketer 最新报告显示，2012 年全球社交网用户将达 14.3 亿人，同比增长 19.2%，社会化媒体将会受到更加广泛的应用，给商业带来更大的想象空间。社会化媒体领域呈现以下几个趋势。

一、社会化媒体从大众化走入小众排他性

随着 Groups（群组）、Lists（列表）和 Niche Networks（利基社区）的发展，社会化媒体呈现出从大众化走入排他性，并越来越具有排他性的发展趋势。之前的社会化媒体中充满噪音和无聊信息。人们经历过社会化媒体初期扩张的躁动，开始步入到理性，用户会选择在固定的圈子活动，而不轻易去选择新的朋友，这是一种用户适应社会化媒体后的调整行为。比如他们隐藏那些极度兴奋的、经常"刷屏"的朋友，不去关注那些制造垃圾信息的朋友。下图是新浪微博中微群的

部分，用户可以根据不同的爱好、口味选择相应的人群、关注对象，参与共同的话题交流，形成一个个封闭的利基社区。

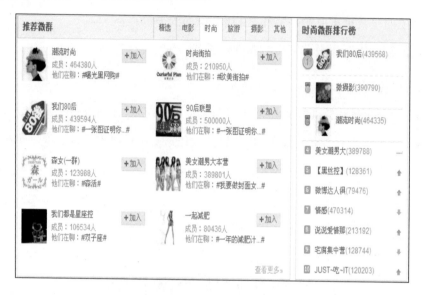

这样的选择也是用户自然的选择，屏蔽混乱的无价值的社会化媒体信息，只关注自身喜欢的信息，这也是 Web 2.0 精神的写照，体现了用户主动选择信息的权利。

通过压缩现有的社交媒体空间，确实可以过滤掉混乱的无价值的信息，但同时可能会失去一些有价值的信息。所以，压缩的度还需要我们很好地去把握。

二、企业更加看重社会化媒体投入

企业在社会化媒体营销方面不应仅作一次性投入和策划，而是要进行持续的营销活动。比如，百思买的 Twelpforce 利用企业雇员的微博来进行客户服务和支持，值此希望能建立用户记录系统来监控用户参与习惯和评论。未来越来越多的企业将会通过利用社会化媒体来节省市场营销的开支且更有效地为客户提供服务。笔者服务的品牌客户中在社会化媒体的投入呈现爆发式增长，专门成立了社会化媒体团队或小组负责。

杭州出租车司机自发成立@杭州出租车预约微博账户，小组成员通过经营社会化媒体账户、分享信息，更好地为社会化媒体重度使用的白领们提供服务。他们也积极开拓其他的工具如：微信、陌陌等来和消费者沟通，直接引爆平台获得消费者的认可。

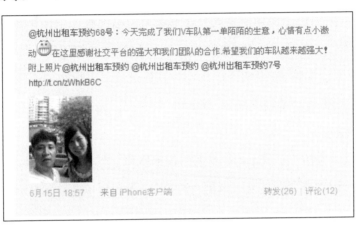

（备注：杭州出租车预约的 68 号师傅，通过微博和大家分享工作乐趣）

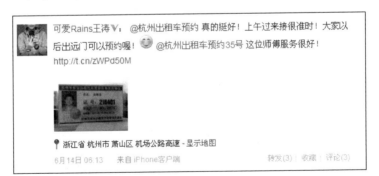

（备注：杭州出租车预约用户的口碑传播，满意触发传播。）

三、企业将会制定社会化媒体战略

有许多企业还没有制定社会媒体政策和规则，也没有社会化媒体的企业战略。

随着社会化媒体影响的日趋扩大，企业都将会制定社会化媒体营销方面的战略框架，其中会涉及整个企业的社会化媒体营销策略，员工如何使用社会化媒体规范等，全面参与到社会化媒体营销中去。

我们可以看到许多企业已经积极将社会化媒体纳入企业战略范畴，其中典型案例是耐克，其通过一系列的社会化媒体战略，通过运动鞋构建一个跑步者的网络社区。耐克位于美国俄勒冈州比弗顿市的总部有一个神秘部门，按照《金融时报》的说法，即使耐克本公司的员工也不清楚里面的工作人员都在干什么。部门门口挂着一块牌子："禁区：我们听到你敲门了，但我们不能让你进来。"这就是耐克数字运动部门（Nike Digital Sports），整个团队有 240 人，最有名的产品是 Nike+。

Nike+技术包括一个放在跑鞋里面的传感器和一个与 iPod、iTouch 和 iPhone 匹配的接收器。当运动员跑步或者健身时，接收器就可以获取并显示跑步的里程、热量消耗值和步伐等数据，并且会将这些数据存储起来以供下载。现在 Nike+已经成为世界上最大的跑步俱乐部。耐克鼓励用户把数据传输到 nikeplus.com 上面，在那儿你可以得到一些训练建议，还能和朋友分享自己的心得，成绩还会被晒到 Nike+社区里，最终将爱好跑步的人群聚集在这个社区。

四、移动使用将成为社会化媒体的生命线

随着现在生活节奏的加快，时间成了稀缺品，碎片时间变成珍品。人们为了更好地利用碎片时间，会选择使用手机进行娱乐或信息获取。随着智能手机的推广，许多人通过移动设备来满足其参与社交媒体的愿望。手机作为未来最大的信息终端平台，社会化媒体也将整合到手机上去。我们将会看到更多的社交媒体移动版本。

案例二：当医院邂逅社会化媒体，WO

Kevin Harrington 博士经营一家名为 "Harrington Family Chiropractic"（家庭脊柱按摩）的诊所。他通过在线发布信息的形式与客户进行交流，他的交流方式多种多样，他拥有一个网站、一个博客以及 Twitter 账户；还制作视频，同时也活跃在 Facebook 上。他首先在一家网站建立自己的在线业务，之后，开始在患者过来看病后向他们发送指向相关文章的链接，获得了实实在在的收益。病人很喜欢这种方式，其已开始成为人们获得信息的途径，于是他又开设专业的博客以公布更多原创的信息。

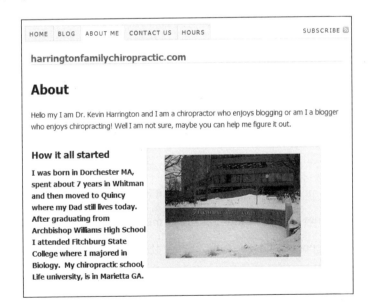

一个工作繁忙的按摩治疗师如何挤出时间来撰写这些实用的信息同时还不耽误工作呢？Harrington 的方法是每天抽出半小时来浏览健康类的网站，寻找他的读者可能感兴趣的话题，同时还努力做到每周更新博客几篇。

比如，Harrington 在博客上发布"看电视会影响孩子的语言发育"、"过度锻炼膝盖会导致髋痛吗？"文章后，他会将链接分享至 Facebook 和 Twitter 上，让关注他的网友看到。

其中在收集病人的社会化媒体账户上，Harrington 做出一些创新之举：为了与患者保持联系，他们会问：我们使用一些社会化媒体，你经常使用 Twitter、Facebook 或者其他的吗？一旦患者离开，其就会将他们加为好友，患者都会觉得很惊讶，之后他会去访问他们的 Facebook 页面，并尝试作一些评论。如果诊所有什么新的活动，可以通过社会化媒体更新传播给用户。自从他使用社会化媒体以来，其诊所已经增加了 40%的患者。

点评：和病人做朋友，构建和谐的医患关系，社交网络、社会化媒体是个不错的选择。通过互联网上沟通成为朋友，进行病人社群的构建，将是未来 10 年医疗医院宣传的关键节点。

社会化媒体营销

社会化媒体营销概念有多个版本，其中维基百科的观点认为："Social media marketing also known as social influence marketing is the act of using social influencers, social media platforms, online communities for marketing, publication relations and customer service. Common social media marketing tools include Twitter, blogs, LinkedIn, Facebook and YouTube."（社会化媒体营销指通过社会化媒体平台、意见领袖、在线社区等来开展市场营销活动、公共关系、客户服务。常见的社会化媒体营销工具有 Twitter、博客、LinkedIn、Facebook 和 YouTube。）

笔者认为，社会化媒体营销是一个框，以 Web 2.0 的精神内核为指导方针，秉承透明、公开、不作恶等原则，企业和用户进行多方的交流，为此企业的营销将更加有效，品牌形象也将更具人性化。

社会化媒体营销是基于社会化媒体平台进行的营销推广活动。在社会化媒体环境下，企业的营销传播方式已经发生巨大的变革，更加关注用户的参与度和美誉度，强调和用户的交互性。传统的营销广告模式是企业进行单方面的信息输出，很少强调用户体验和信息反馈。而社会化媒体营销关注客户对产品的口碑，客户的交流，品牌的美誉度，最终形成基于社交媒体等平台的口碑营销，持续的品牌美誉度。

开展社会化媒体营销的两个辩证

一、 社会化媒体营销可分为基础和高级两种形式

目前网络营销公司都在借用社会化媒体营销热潮去开拓、教育客户，在他们看来，社会化媒体营销服务只要交给他们就可以。其实不然，笔者认为，社会化媒体营销可以分为高级社会化媒体营销（高级社会化营销主要指大规模的营销策划推广活动）和基本社会化媒体营销维护。

网络营销公司所提供的社会化媒体营销活动方案可以划入高级社会化媒体营销范畴，其核心表现是通过购买社会化媒体，以大范围的活动投放来进行社会化媒体营销活动。但是目前许多企业在互联网上，尤其是在社会化媒体平台上还没有完成基本的社会化媒体营销操作。所谓的基本化社会化媒体营销主要指公司进驻社会化媒体平台，制造优秀的社会化媒体内容，建立社会化媒体的全网监控等方面。基本的社会化媒体营销是基础，没有基本的社会化媒体营销内容作支撑，高级社会化媒体营销将犹如空中楼阁，营销效果会大打折扣。

二、社会化媒体营销是公司自己做还是外包出去

笔者一直认为社会化媒体营销是一个循序渐进的过程，不是一蹴而就的，企业不应该仅通过一两次社会化媒体营销活动，仅看看监测数据，对照活动之前的目标，关注一下销售业绩就结束。社会化媒体营销是一个有始有终、持续投入的过程。国内许多尝试社会化媒体营销的公司，很少会有始有终，导致用户后期体验相当糟糕。

既然社会化媒体营销是一个长期的营销过程，笔者认为公司需要雇佣专业人员，负责社会化媒体营销工作。目前星巴克、SAP、福特汽车等多家企业都已组建社会化媒体营销团队。社会化媒体营销的员工需要实时监控互联网上用户对公司的口碑和留言，维护公司在社会化媒体中的形象，同时还需要参与到社会化媒体中去，和用户进行交流，处理社会化媒体上的负面消息。

如果公司不具备专门的人才，可以让网络营销公司协助培训有关的社会化媒体营销知识，以便日后企业可以自行参与到社会化媒体的管理和日常维护中去。公司如果想进行高级社会化媒体营销，则需要和相关的网络营销公司、广告公司合作，因为这里涉及到社会化媒体的购买、活动的策划、数据的分析和处理等方面，是一个系统的工程。

企业需规范员工社会化媒体行为

社会化媒体营销已经获得企业的认可，社会化媒体成为企业营销、市场推广和品牌建设的主要战场，许多时候企业员工也会参与到社会化媒体中去。根据传统的整合营销传播理论看来，员工也代表公司的形象，用户可能会通过社会化媒体接触到企业员工，即接触点的概念（Touch Point）。可能是在即时通信（如QQ/MSN）接触，可能是在开心网、论坛/BBS 里接触。用户会认为"什么样的公

司雇用什么样的员工",员工在社会化媒体中的表现,侧面反映了一个企业的形象,也会涉及到用户的体验和感受,最终影响市场销售。

从企业管理者的层面首先必须有这个意识,即社会化媒体中企业行为和员工行为要有一定的约束,不能等到危机事件发生时再去补救。其次要和员工作充分的说明,疏导员工在社会化媒体中的表现,做到员工和管理者思想上的统一。让员工不仅可以享受社会化媒体带来的便利,同时也能在社会化媒体的活动中注意自己的影响力,尤其是涉及评论、博客内容等方面。

那么,企业应如何规范员工的社会化媒体行为呢?以下是笔者的几点建议:

- 教育员工对自身发布的社会化媒体内容负责。

- 遵守公司的政策及相关条例。

- 保守公司的机密信息。

- 保持自我约束,在社会化媒体环境下保持礼节。

- 表现出对客户、供应商以及消费者的重视。

- 必须遵守一切可能涉及到的法律法规(版权等)。

在社会化媒体营销方面走在前列的公司,都建立了公司的社会化媒体活动战略、员工网络行为指导等。但目前国内企业在这方面还没有很好的意识和实质性的举动。下面是英特尔公司制定的针对员工的社会化媒体活动指南,很有参考意义,我们可以从中学习、借鉴,制定企业员工参与社会化媒体的方法。

案例三: 英特尔社交媒体指南

以下为英特尔社交媒体官方指南。这些指南的适用对象包括在 Intel.com 内外为博客、维客、社交网络、虚拟环境或其他类型的社交媒体创建内容或撰稿的英特尔员工或合同方。我们希望所有代表英特尔参与社交媒体工作的人员都能够接受培训，从而了解并遵守上述指南之规定。如未能遵守规定可能会使你未来的相关工作面临风险。随着新技术和社交网络工具的不断推陈出新，这些指南也会随之持续更新，因此，请你定期查看指南，以便随时了解最新变更。

1. 当你参与时

新兴的在线协作平台从根本上改变了我们的工作方式，为我们提供了与客户、同事乃至整个世界保持紧密联系的新方式。我们相信，作为一种全新的互动模式，社交计算可以帮助你构建更强大、更成功的业务关系。不仅如此，它还是你围绕英特尔的工作和我们关心的话题参与全球讨论的一种方式。

如果你参与社交媒体，请遵守以下指导原则：

- 立足于你的专业领域，对英特尔和世界的未来发展发表独特的个人看法。
- 发表意义深刻、尊重他人的评论；即不发布垃圾信息和具有攻击性或偏离主题的言论。发表言论之前应深思熟虑。也就是说，如果回答的内容适合主题，应及时回复。尊重隐私信息和内容以及机密信息。
- 不同意他人观点时，应措辞得当，保持礼貌。

2. 参与规则

公开透明：在社交媒体环境中，诚信行为很快会得到他人认可，欺诈行为则会被揭穿。如果你使用真实姓名在博客上描述你在英特尔的工作情况，那么你的工作职务便一目了然。如果你对讨论中的某一话题有浓厚的兴趣，请在第一时间发表你的看法。透明性是指你的身份和你与英特尔的关系。对于专有信息和内容，你仍需保密。

明智审慎：确保你的行为公开透明，在对外商业言论中没有违反英特尔的保密要求和法律准则。获得许可之后方可发布或报告关乎英特尔机密或内部信息的讨论。所有陈述必须真实，不得具有误导性，所有声明必须经过证实和批准。产品性能指标评测必须得到相关产品性能指标评测团队的批准才能对外公布。未经相关方批准，请永远不要评论与法律事务、诉讼相关的任何事情或与我们有诉讼关系的任何方面。如果你想评论竞争，应确保你了解自己的言论并拥有相关许可。合理地保护你自己和你的个人隐私以及英特尔机密信息。你发布的内容可能会大范围传播并保留很长时间，因此请三思而后行。

撰写你了解的内容。确保你撰写和发表的内容与你的专业领域相关，尤其是涉及到英特尔及英特尔技术的相关内容。如果你正在撰写的主题涉及到英特尔但是你不是这方面的英特尔专家，那么你应该向读者说明。请你以第一人称撰写文章。如果你要在英特尔以外的网站发布内容，请使用免责声明，例如："本人在本站内的发帖内容仅代表个人观点，不代表英特尔的立场、战略或观点。"此外，请尊重品牌、商标、版权、正当使用、商业机密（包括我们的过程和方法）、机密以及财务公示法律。如果你对上述内容有疑问，请咨询英特尔法律代表。请注意，你将对你发布的个人内容负责。

感知即现实：在在线社交网络中，公共与私有、个人与专业问题之间的界限并不清晰。将自己定位为一名英特尔员工，通过股东、客户和公众建立对英特尔的认知，并通过你的同事和经理建立对你自己的认知。做令自己骄傲的事。确保与你相关的所有内容均与你的工作以及英特尔的价值和专业标准相吻合。

交流：以专业人士的谈话方式与你的读者进行探讨。这就意味着请你尽量避免过度拘泥于细节或"组织"的语言。不要畏惧发表你的个人看法，说出你的个人见解。要考虑到内容会公开发布并收到反馈。鼓励发表评论。此外，你还可以通过引用博客中讨论相同话题的其他人的观点来拓宽交流范围，并与大家分享你的内容。

能否带来价值：社交平台上的内容纷繁复杂，为了使你发表的内容脱颖而出，最有效的办法是提供能够为人们带来价值的内容。英特尔的社交通信应该富于启发性，能够为我们的客户、合作伙伴和同事提供帮助，并引导人们树立社区意识。如果人们在阅读完你发布的内容后能够增长知识、提高技能、建立业务市场、开展工作、解决问题，或是更好地了解英特尔，那么这些就是有价值的内容。

你的责任：你发表的内容由你全权负责。代表英特尔参与社交平台不是权利，而是机遇，因此请认真对待，予以重视。如果你想代表英特尔参加，请参加数字IQ 培训并联系卓越社交媒体中心。了解并遵循英特尔行为准则。只有恪守指南和英特尔行为准则，你才能顺利参与社交媒体。请联系 social.media@intel.com 了解更多信息。面对第三方站点也应该遵守相关条款与条件。

创造兴奋点：作为知名企业和优秀的企业公民，英特尔致力于为全世界、为未来的技术发展和关于各种问题的公共对话贡献重要力量。我们的企业活动越来越倾向于高价值创新。我们将与全世界分享我们的知识和美好事业，并开辟渠道向他人学习。

成为领导者：引发有益的争论与煽动读者的反面情绪往往只是一线之隔。请勿诋毁英特尔及其竞争者。你不需要回应任何批评或刺耳的伤人之语。谨慎地提供内容，以便收到不同观点的反馈，且不会招致他人的不满。一些政治和宗教等方面的话题比较敏感，需要特别注意和谨慎对待。内容一经发布则无法收回，一旦引发出具有煽动性的大讨论，局面将难以控制。

你搞砸了吗？ 如果犯了错误，勇敢接受，面对它并迅速改正。如果在博客上发布了错误内容，可选择在最早的帖子上更正错误，以明确地表示你已及时改正。

如果你需要暂停，请暂停：如果你打算发布的内容令你感到不安，哪怕只有一点，也不要轻易点击"发送"。花一点时间回顾这些指南，尽量找到困扰你的问题，然后加以解决。如果你仍然没有把握，可能希望与你的经理或法律代表进行探讨。最终，你发布的内容属你所有，是你的责任。因此，请确保你发布的内容准确无误。

3. 审批准则

审查就是在内容发布到网站上之前，对其进行审批（适用于在英特尔官方或其他网站代表英特尔拟写的社交媒体内容）。英特尔不为第三方发布的内容，即用户生成内容（UGC）进行担保或承担责任，包括文本内容和上传文件（视频、图片、音频、可执行文件、文档）。

我们鼓励用户积极参加，但为了确保所有人的利益，用户必须遵循一些指南。此外，英特尔还设定了自动控制来防范垃圾邮件和恶意内容。请注意，由英特尔内部创建的内容无需经过审查，这意味着只要我们的博客作者接受了必要的培训，我们便允许其在未经批准的情况下直接发布内容。

预审：即使当网站要求用户在发布前进行注册，简单的用户名和电子邮件也不足以验证用户的真实身份。为了最大程度降低风险并提高安全性，我们要求所有 UGC（用户创新内容）在发布之前，必须经过审查（预审）。

社区审查：对于成熟、健康的社区而言，由老用户进行群审查非常有效。有时候，这种审查可以替代预审，无需经过审批。

平衡的在线对话：不论这些内容需要经过预审还是社区审查，都必须遵循以下原则：好坏均可，但不得居心不良。无论内容是赞同还是反对英特尔，只要是肯定或否定且与对话相关，我们便会批准。然而如果内容居心不良、有攻击性、意图诋毁且与对话完全无关，我们便会拒绝。

案例四：美军如何规范社会化媒体行为

2008 年成功帮助奥巴马获胜，2009 年初轰动助战以色列，基于 Web2.0 技术的微博、维基、播客、BBS 论坛、社交网络和虚拟社区等社会化媒体在政治传播、军事传播领域已初显公关威力。2010 年后，美军国防部的社会化媒体进程明显加快了步伐，打造国防部 2.0，领跑 e 时代的政府公关，成为美军社会化媒体对外传播应用的新方向。

1. 纠结中前行

美军公共事务即军队公共关系，指面向国防部外部和内部公众进行的公共信息（或称媒体关系）、指挥信息（或称内部信息）和社区关系活动。倘若用一个词来形容美国军队与媒体的状态，那就是"矛盾"——保密与公开的矛盾。随着具有鲜明"自媒体"、"我媒体"特征的社会化媒体的出现，加之美军成员积极主动地参与其中，这一矛盾的对立范围就无限扩大了，美军在面对这一永久性矛盾时表现得难以定夺。

2004 年，大兵科比·布泽尔开博记录"我的战争"，成为"士兵博客之父"。2005 年全年，"士兵博客"由 200 升至 1000 多个。2006 年，视频共享网站 YouTube 让视频上传、搜索和链接更为简化，标有"美国大兵造"的血腥作战视频，带着激烈震撼的金属音乐扑面而来。对于"士兵博客"、"士兵视频"现象，美军官方表示现有相关政策遵循《信息自由法案》，视频上传本身不违反政策，核心原则就是不涉密、不涉及平民伤亡和低级趣味。然而，大量"军方"视频、文字给作战保密带来的严峻挑战还是让作战部门高度警惕，放任自由的社会化媒体给美军形象带来的威胁，也令公共事务部门心存隐忧。

2007 年 5 月 7 日，陆军部发出一纸禁令：士兵在互联网发布资讯前，要向上级报告接受审查，个人博客网址也要备案。如公开敏感信息，将受到违抗合法命令的指控。一周后，国防部颁布新的管制政策，其全部计算机和网络将在全球范围内禁止登陆 YouTube、MySpace 和其他 11 个流行社会化媒体网站。五角大楼在 YouTube 上开设美军官方频道，由专业摄像师上传视频进行正面宣传。一年半后，2008 年 11 月，美军高调推出自己的内部影音分享社群 TroopTube。不出一年，2009 年 8 月，美海军陆战队官网新闻又透露，该部将全面禁止所有社会化媒体网站，国防部正在考虑在全军范围内采取此举。仅一个月，美军公共事务部门却表示要出台鼓励使用社会化媒体的政策。之所以如此摇摆不定，是因为美国军方隐约意识到了社会化媒体潜在的形象宣传实力，在面对作战安全和网络复杂性时，又难以摆脱对新媒体封、堵、卡、捂的传统传播思维。

影响美军社会化媒体政策走向的原因还有：越来越多的高级军官和国防部领导也频频触网，利用社会化媒体平台实现信息共享、收集信息反馈，弥补传统媒介渠道的不足。如国防部一级就有国防部长盖茨的 Facebook 和参联会主席迈克尔·穆伦的 Twitter，后者追随者多达 3300 余名。非洲司令部司令威廉·沃德在领导层中最早开通了连通外网的博客"非洲司令部对话"，开放评论反馈与网民互动，最大限度地向全球公众阐释"反恐和人道主义救援"的宗旨。中央司令部司令戴维·彼德雷乌斯的 Facebook 拥有粉丝 6250 人，对评论采取不过滤、可贴图的态度。

空军社会化媒体运用实证调查的直接成果就是 2009 年 4 月推出的《新媒体与空军》手册，用于指导空军社会化媒体应用。国防部、各军种部均在积极召开相关研讨会、座谈会，邀请军内外新媒体专家畅所欲言，寻求对策。由国防与政府推进学会（IDGA）主办的"国防部与政府的社会化媒体：新媒体战略的创新与发展"会议集聚了国防部和政府新媒体政策决策层关键人物和公共关系、IT、网络传播、新媒体业界专家，会议相信"现在是开启高效社会化媒体战役的最佳时间"。会议指出现今军事传播领域的当务之急，就是必须改变目前的组织文化和对互联网的态度，培育"网络交往文化"，积极拆除与公众之间的屏障，建立持久的相互关系。

2. 实践中创新

实践层面，国防部及各军种部"八仙过海，各显其能"，包括培训公共事务专业人员的社会化媒体素养、规范相关回应程序；尝试向官兵普及社会化媒体常识、游戏规则、运用技巧，教会他们生动讲述军队的故事；推荐倾向于军方或为军方认同的社会化媒体网站、博客榜单、YouTube 频道、Twitter 账号、Flickr 空间；吸聚美军用户齐心协力重点打造美军 YouTube 频道、空军维基通道、陆军 Flickr、驻伊多国部队 Facebook 等官方社会化媒体平台；另辟蹊径在国防部防火墙内组建 Milblog（军事博客）、TroopTube（军队视频）、Milbook（军队社区）等军版社会化媒体来加强自身组织传播和社区建设。

目前已然奏效的举措是全新改版的国防部网站，它在功能上更专注于实现新闻、图片、视频的各类社会化媒体链接和转引，无形中扩大了传播半径。最为直观的可谓胡德堡枪击事件，军方通过嵌入社会化媒体建立自有危机传播平台，积极引导基地官兵的社会化媒体舆论，有效解决了传播混乱引发的次生危机。

美国军队运用社会化媒体开展对外传播的渐进性认知和全新性尝试及其可能产生的影响，得到国家、政府、军队的高度关注。

第 *2* 章
新营销　新趋势

图解新营销

互联网营销的至高境界是：客户成为公司的推广者，帮你进行推广宣传，把产品介绍给身边的亲人朋友。这就是口碑的力量。以前往往是通过口口相传，而在 Web 2.0 情况下，社交媒体的传播将使信息传播更加迅速。例如乡村基发生的故事：讲述的是一位婆婆到餐厅吃饭的遭遇，微小的故事通过社会化媒体传播，获得很大的曝光，且深入人心，触发口碑传播。

基于目前的网络系统，对企业的营销、品牌传播、活动推广提出了更高的要求。我们要争取机会创造口碑，和客户互动起来，扩大企业的影响力。

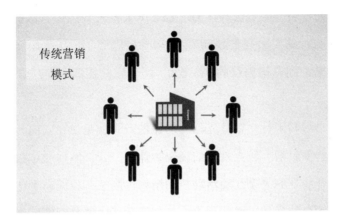

传统的营销模式主要依靠硬广告，直接将信息广播出去，没有互动和信息反馈，也就是直接往用户脑袋里面灌输信息。这种营销目前还有其影响力，在许多农村市场和偏远地区的广告依然是使用密集轰炸的方式。一个地区电视台的广告水平，往往代表该地区的营销水平，代表城市的经济发展水平。

我们看到宝洁之前比较关注电视广告的投放，最近有报道其营销预算已开始向新媒体偏斜。向来重视广告投入的宝洁正面临的现实是，每年巨额的广告支出已经严重影响到了公司利润率。宝洁全球首席执行官麦睿博表态，"不能再无限制地提高广告预算"，并认为相对于宝洁之前主要投放的传统媒体，facebook 与谷歌等新媒体更有效。这意味着宝洁的广告策略开始向新媒体倾斜，而事实上宝洁正在增加新媒体广告投放的额度。对宝洁来说，数字营销的投入比例很大程度上取决于目标消费者的触媒习惯。

广告成本压力

作为全球最大的广告客户，宝洁 2011 年的广告支出达到 93.15 亿美元，但令宝洁尴尬的是，公司销售收入增长迟缓。这让外界质疑宝洁每年巨额的广告支出已经严重影响到了公司的利润率。

按照宝洁的广告预算，它每年的广告支出大概占到总销售额的 9%~11%，过去每年都在增长，这对公司的经营确实构成了很大的压力。而一般快速消费品公司的广告支出占到总销售额的 5%~6%，所以宝洁需要压缩广告成本、提高广告效率。

宝洁习惯"兵马未行，粮草先动"的做法，也就是说在它的一款产品市场测试成功后，就着手启动一轮大规模的高空轰炸式广告，然后通过强势渠道地毯式铺货，其后展开线下的大量互动活动拉动销售。高空广告偏向于电视，因为电视媒体比较适合大众消费品；而线下的广告与活动，主要是店面广告、店面陈列、路演活动和促销等。为了配合传统的高空广告，宝洁组建了庞大的营销推广团队，以使得线上传播可以在线下得到落实。

电视广告的费用相对新媒体要高很多，而且因为针对性不强，效果并不好。为了配合电视广告，弥补其互动性不强的特点，就必须要开展大量的线下广告与活动，又需要耗用大量的人力、物力，进一步抬高营销成本。可以看出新媒体的出现给了宝洁等企业一个反思和调整广告策略的机会。

转向新媒体

宝洁广告投放的媒介选择以目标消费者的收视习惯为指导。 事实上，在巨额广告支出的重压下，宝洁的广告策略开始向新媒体倾斜。 在广告形态的支出上，宝洁总的方向是更加多元化，随着新媒体受到越来越多的关注与认同，公司在广告投放上已经作了适当的调整。宝洁在网络投放上偏重于视频网站与社区网站。宝洁在电视广告上支出最大，但现在很多年轻人、中年人都减少了看电视的时间，转向网上看电视剧、电影等，所以这几年宝洁在网络视频网站上投入增加明显。而且在网络视频前投播广告相对电视上的广告到达率更高，因为受众不会因为广告而换台。

　　与此同时，社交媒体也得到了宝洁的高度重视，典型如 Facebook。在像 Facebook 等数字媒体中，如果设计得当并有好的创意，那么广告投资回报要远比传统媒体更为有效。相对于传统媒体，网络新媒体有明显的覆盖优势，一般中国排名前二十位的主流网络媒体，它的用户覆盖量是千万人以上，这是传统媒体无法比拟的。同时目前我国受众触媒习惯的变化显著，网民以及网络购物的人数在不断地增加。

　　宝洁广告投放的媒介选择以目标消费者的收视习惯为指导，也就是说宝洁新媒体营销的投入比例很大程度上取决于目标消费者的触媒习惯。目前网络已经越来越受到年轻人的重视，所以宝洁必然要增加新媒体的投放以拉拢新一代消费者。

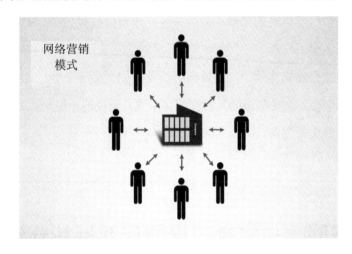

　　网络营销让用户和广告交流起来，其营销活动具有互动性和参与性，让用户推选、留言和充分发表意见。

　　目前国内企业营销活动还处于吸引用户注意力、收集用户反馈和交流信息的水平。面对社交媒体日益深入，这样的效果将不能够满足企业的需要。

电子商务公司、游戏公司等开始创建自己的社区，让用户讨论，比如国内多个游戏公司的游戏社区，SAP、英特尔（Intel）、谷歌（Google）等专有的技术社区，不仅可以给用户良好的体验和品牌关怀，还可以收集到用户的反馈和建议，是一种非常不错的手法。

企业参与社会化媒体营销，需要结合企业定位、品牌个性，寻找合适的平台和目标客户作交流。企业应该融入社交媒体中去。企业的个性化，品牌的人性化，虚拟化是不错的选择方向。

案例一：痛风门诊如何开展新营销

Victor Konshin 是《Beating Gout: A sufferer's guide to living pain free 》的作者，这本书是讲痛风的著作，作者在自己的站点 Beating Gout 上提供了一些非常有价值的信息，这些信息在互联网上其他任何地方都无法找到，所有的信息的主旨都是为了解决客户（痛风患者及他们的家人）的问题。

与其他的站点不同，Beating Gout 不仅仅是一个在线的宣传册，其提供丰富的内容而且使用一些非常吸引人的标题，例如"痛风，被遗忘的疾病"、"痛风对生活质量、财务和家庭的影响"和"肾结石，是不是痛风的早期信号？"每个包含丰富信息的帖子在搜索引擎中的排名都很高，这为他的站点带来大量的访问流量，同时其跳出率(进入站点后没有浏览其他网页就离开的访问者比率)减少 60%。

Beating Gout 的站点在搜索引擎结果中的排名比之前高很多，之前搜索"Gout myths"搜索词的排名能进入第三或第四页，现在优化后网页稳居首页前列。

点评：了解你的目标，用内容去吸引用户。需要回答"你的目标是什么？""你能为病人在网上解决什么问题？"许多运营者往往没有弄清楚他们的客户是谁，是谁在访问他们的网站，也不知道能够为病人解决什么问题。

为什么是社会化媒体营销

为什么需要社会化媒体营销，难道传统的广告不能满足客户要求吗？回答是肯定的，传统的推送（Push）传播模式已经不能满足 Web 2.0、Web 3.0 环境下用户的信息接收需求。正如营销专家 Wilson Kerr 所说的那样："Brands can no longer pitch the merits of their product to consumers. Push is out, pull is in. Consumers want verified, trusted information from people like themselves and know where to find it."（品牌不应该再向用户简单推送有关产品的信息。推送已经过时，吸引用户主动才是正道。用户会去验证企业传播的信息，他们现在知道去哪里找，去找谁。）

客户需要从自己的朋友，或社会化媒体平台上"虚拟朋友"处获得信息来支撑其对品牌的认知，而不是企业进行"脑白金"式的轰炸传播。也许我们能从海底捞的微博营销传播案例中获得答案：2011 年 7 月某日，新浪微博上一条"海底捞居然搬了张婴儿床给儿子睡觉，大家注意了，是床！我彻底崩溃了！"的微博引起了众多网友的关注和转播，这是一条关于海底捞"婴儿床"的故事，其大意是一位网友在海底捞吃饭时，服务员特别搬来了一张婴儿床给网友的儿子睡觉，正是这样一个看上去不太像在饭馆中发生的事情，让人们开始见识到了海底捞在服务上的"强悍"。

之后海底捞一系列令人目瞪口呆的行动又接连被网友"爆料"了出来。从"劝架信"，到"对不起饼"，再到"打包西瓜"……海底捞的种种服务几乎已经超出了平日里受惯餐厅服务员白眼的网友们的想象力。不知何时开始，大家开始为海底捞在服务方面的"无法阻挡"加上了一个很贴切的定语："整个人类"。

一时间"海底捞体"风行，这种文体以"某天我在某海底捞吃火锅，席间我无意说了一句……（愿望、抱怨等），在我结账时……（服务员使其愿望成真）"为格式，最后以"人类已经无法阻止海底捞"作为总结。接下来的发展有些超出海底捞的想象，当"人类已经无法阻止海底捞"的时候，海底捞也已经无法阻止网友们的热情。当越来越多不可思议的故事接踵而至时，大家在乎的已经不再是它的真实性，而是这段"海底捞体"杜撰得是否精彩了。

营销预算趋势的改变

目前企业的营销预算正在改变，其中大的趋势是向网络营销倾斜，企业间的区别是网络营销在整个营销中的比重和份额，企业对网络营销的热爱程度。下图是美国的一组数据。

2010 年营销预算变化趋势

	增加 投入	维持 不变	投入 下降	不采用
社会化媒体营销、口碑营销	41.9%	36.1%	6.4%	15.6%
在线广告、网络推广	37.9%	43.1%	6.1%	12.8%
数据库营销、邮件营销	31.2%	52.9%	11.6%	4.3%
视频营销	26.9%	41.0%	5.5%	26.6%
移动营销（广告、应用）	24.2%	39.1%	7.3%	29.4%
搜索营销（搜索引擎优化、搜索引擎营销）	22.9%	45.6%	8.6%	22.9%
传统杂志	20.5%	49.8%	14.1%	15.6%
本地报纸	19.3%	44.0%	11.0%	25.7%
商业杂志	17.4%	49.8%	13.1%	19.6%
有线电视	13.8%	36.7%	10.1%	39.4%
消费类杂志	13.1%	47.7%	8.6%	30.6%
网络电视	11.0%	37.0%	9.8%	42.2%
户外广告	10.7%	41.0%	11.9%	36.4%
全国新闻	10.1%	41.6%	6.4%	41.9%
电视购物	10.1%	37.6%	10.7%	41.6%
广播广告	8.9%	42.5%	8.3%	40.4%
全国广播	7.6%	37.9%	9.2%	45.3%
电影广告（电影播放前）	6.1%	33.0%	8.3%	52.6%

数据来源 2010 年 3 月 3 日 Emarketer，如何看待代理项目。

我们可以看到，在社会化媒体营销中，口碑营销方面增幅最大，紧随其后的是网络推广、数据库营销、邮件直投营销、视频营销和无线营销。其中可以看到搜索引擎营销、SEO方面的投入增幅有所减缓，因为这些方面企业在前几年已经投入很多。

从笔者观察来看，目前国内在网络口碑、网络公关、视频传播这块的投入增加幅度较大，在数据库营销、邮件营销和未来的移动营销等方面的热情度有限。而在搜索引擎营销、SEO这块，国内企业的增长幅度会比较大。我们可以看出：搜索引擎营销、SEO的投入会有一个瓶颈，达到一定的投入后，企业的投资回报收益逐渐递减。

社会化媒体营销的关注点

企业开展社会化媒体营销最关注什么？据分析报告是时间和 ROI。

- 花费时间的问题：整个互联网层面接触点的时间花费问题 44.68％。
- 社会化媒体营销投入回报率问题 24.26％。
- 每天信息量的问题：互联网上内容过滤处理问题 21.28％。
- 隐私问题 4.68％。
- 所需时间来学习新的工具/应用程序问题 3.40％。
- 雇用别人来管理的费用问题 1.70％。

可以看出目前企业最关注的是需要的时间问题，如何平衡社会化媒体营销参与度并创造适当的参与量？有一些服务提供商可以提供内容自动软件，以自动处理和人工结合的方法为企业服务。例如：提供论坛的自动回复和人工回复帖子功能，但是从笔者的经验来看，自动回复的占大部分，往往语言生硬。而人工回复部分由于回复人本身的素质，对社会化媒体的理解等因素，很难进入应有的角色。

要做好社会化媒体营销，需要花费时间，这是无法避免的。

其实时间层面的考虑仅是一个表面问题，其他市场营销的活动也需要耗费时间，关键是对合理的投资回报的预期。社会化媒体营销是一个新的营销手法，许多企业从商业的角度会盘算：我的投入产出效率怎么样？社会化媒体营销的评估数据如何？社会化媒体营销独立的收益有哪些？笔者认为企业这种保守的心态有待改变，如果一切都稳定了，投入产出效率就会下降。要善于抢占行业的制高点，目前快速消费品行业、汽车行业是这方面的楷模，行业营销竞争激烈。如果在金融业、旅游行业、医院、房屋代理行业做社会化媒体营销，效果可想而知，一定会有良好的效果。

许多企业对社会化媒体营销都是从公共关系的角度来看它的价值以及回报效率，这显然是不科学的。当然社会化媒体营销仍处在发展阶段，相信它会越来越有其独特的魅力、完善的效益和效率评估体系。

社会化媒体效果评估

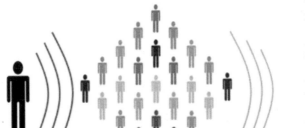

营销效率
企业口碑
差异化
风险控制
客户保存
品牌社群
长期收益
创造机会
即时收益
态度改变
品牌曝光
公共关系
客户教育
建立信任
创新

注： 数据来源 Emarketer，图表给出了社会化媒体投入产出比评估的指标。其中产出列出了如效率、口碑、差异化、风险控制、公关关系、建立信任等方面。

案例二：金融业发力社会化媒体

全球的经济不景气，给金融业带来巨大的冲击，金融业正在处在一个十字路口。据彭博社报道，全球金融服务业（银行、保险和资产管理公司等）2011年裁员人数近20万，花旗集团、法国巴黎银行和美国银行都纷纷瘦身，以削减成本。

我们看到，决定商业银行成长的主要因素是：外部的经济环境、银行的约束条件以及社会对银行的需求。而这三者都在发生翻天覆地的变化，为此路透（成都）2011年9月4日电：中国招商银行股份有限公司行长马蔚华指出：招行正在进行第二次转型，以适应这场银行业的革命，转型的主要目标是降低资本消耗，提高应变能力，降低成本，做到风险可控，提高资本回报率。

笔者认为未来金融业的发展战略只有两条路：一是金融业产品及其服务的创新，属于传统金融的层面；二是金融业如何借助互联网尤其社交网络、移动互联网等技术获得新客户、销售金融产品、完成客户服务等。信息技术及应用将成为金融业的第二条腿，其竞争力将在未来更加凸显。笔者经常对金融客户讲：接下来的3~5年是留给大家走向互联网化金融的试错、哺育阶段。如果不开始向互联网化金融转型，储备人才，运转业务，到以后将无法追赶上，将错失发展良机。

金融业的第二条腿夯实不夯实将决定金融业在未来的竞争力，否则将成为瘸腿，走不远。通过信息科技尤其是互联网可以节约成本且能满足客户的全天候的需求，减少线下分支机构，减少销售经理及相关人员，让金融业可以更加流畅的运转。海外的金融圈已经开始积极尝试社交网络银行，互联网银行等新形式，构建21世纪金融业的竞争优势。例如中国银河证券就将营业部搬到微博上，每个营业部都打理微博，通过营业部的官方微博来服务本地的用户，节省客户经理及人员的劳动效率。

我们也发现有许多非传统意义上的网络金融服务业：如新型融资模式 P2P（即个人对个人）的服务，正在给传统商业银行造成巨大的冲击和影响。这种模式依托互联网技术，挖掘客户之间的互助合作，借助网上借贷平台来完成相关的借贷行为。典型代表：英国的 Zopa 公司和美国的 Prosper 公司。非盈利性的小额贷款网站（kiva.org），通过这个网站可以为世界各地的公司或个人发放最低 25 美元的小额贷款。通过互联网尤其社交网络的应用（贷款人可以通过视频、照片、博客等反馈情况，以获得帮助），Kiva 在贷款人和小企业之间建立了牢固的虚拟社区。Kiva 为小额贷款人提供金融服务，获得大家的高度关注，在比尔·克林顿总统的新书里面也特意提到了 Kiva。

笔者并不认为类似的社交网络银行系统能够取代银行，但银行可以从中学到许多东西，比如，通过互联网开立的新型银行账户突破物理和时空界限，为客户提供无须到柜面办理的服务。

招商银行的 i 理财社区

招商银行在 2010 年 4 月推出 i 理财网络互动银行，定位在大众网络理财平台，其瞄准 80 后日益高涨的理财需求，将原有的网银产品和服务整合起来，加以各类理财产品，辅以 Web 2.0 技术，派驻理财专员，留下各种银行账户接驳入口，为有理财需求的各类客户提供一站式服务。让金融服务永不打烊，突破之前线下服务的时间和空间约束。

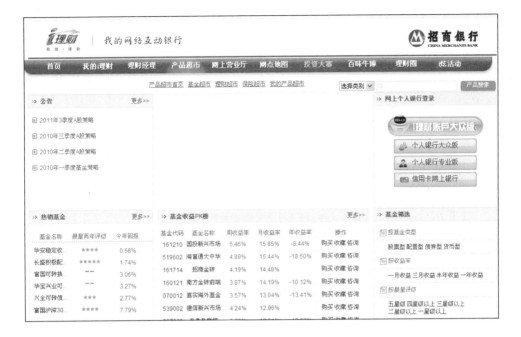

i 理财社区信息架构：借用当下热门的社交网络，Web2.0 技术，通过博客、圈子、在线互动等方式建立稳定的社区，如互动理财为客户决策提供口碑推荐产品、产品用户评价、销量排行榜、人气排行榜等服务，理财社区为爱理财的人提供网上学习和交流的空间。

解码招商银行的 i 理财战略：招行的私人银行客户超过 1 万人，私人银行客户在银行的资产总值达到 2000 亿元，零售银行客户中还有 3100 万信用卡客户和 5300 万一卡通客户。这些客户群的理财需求均十分强烈。但招行在全国只有 750 家网点，招行的服务网络还很不够。通过 i 理财社区可以统一整合资源，跨地区进行服务，可以说是招行第二次转型的重要战略规划。而且 i 理财平台采用任意银行卡绑定的开放模式，为其他银行的用户提供了新的金融服务渠道，想象空间巨大。

金融业的第二条腿，是金融企业未来竞争的重要砝码，信息科技在金融业的应用也将比之前任何时期更具冲击性。那么，我们的金融业准备好了吗？

值得关注的 4 个问题

一、搜索引擎会倒闭吗

随着社会化媒体的兴起和广泛应用，信息的查询、接入渠道将发生很大的变化。笔者的观点是从目前搜索引擎入口占主导的模式，逐渐走向搜索引擎入口和社会化媒体入口整合的信息入口。社会化媒体在信息接入渠道不仅指风头正热的微博。微博可以进行近乎即时的信息检索，而谷歌、百度目前的搜索引擎原理还无法实现这一功能。

未来许多的互联网新闻、信息、知识、检索、共享都可以通过微博客进行传播，而不需要再去检索搜索引擎。因为微博客上面已经积累了大量的人气，积累了许多优秀的内容。其他层面的社会化媒体平台，如社交媒体开心网、社区、BBS、视频分享站点、图片分享站点等，也会利用好平台上的用户群结合自身的信息传播特色，让信息在社会化媒体平台上更好地传播，分担部分搜索引擎检索的操作，直接在社会化媒体平台中给你想要的信息。

我们看到谷歌、百度都积极和社会化媒体洽谈，将微博、社会化媒体的更新内容收录到搜索引擎中去。下图是百度和腾讯、新浪合作进行社会化媒体内容搜索的页面。

二、网络水军是否会散伙

当下网络水军非常热火，出现一方面大家都在声讨网络炒作事件、五毛党，另一方面企业却找不到专业的网络公关（EPR）、网络口碑服务商的状况。许多工具和词汇一到中国就变味，比如公关、小姐、按摩。互联网行业的不规范，出现了不少有些草莽特点的公司和打手，为此希望人们提高警惕，不要被"忽悠"。网络公关公司惯用的手段如：论坛发帖、软文、抢占帖子的前 6 个回复，引领用户参与，中间再用水军去"托"，制造一定的热度，或者冒充用户的口气写博文。

专业的网络公关公司则会花钱请意见领袖体验写软文、博文，在社会化媒体上转帖。目前汽车行业、快速消费品行业是重灾区，许多做广告的朋友都有一种负罪的感觉。本来用户到汽车论坛上去和大家分享观点和寻找朋友，没想到却掉入"陷阱"，到处是软文、水军。还好，目前网民的辨别能力正随着公关公司的蜕变而逐渐提高，网络黑社会将不会那么嚣张，到最后或散伙，或改头换面是必然的。

三、营销数据的使用

随着社会化媒体营销的逐渐深入，未来企业的营销架构将面临再造的迫切需求。企业一直非常看重数据的价值，不论是销售数据，用户的 CRM，还是互联网广告投放的数据，因为数据中隐藏着巨大的财富，遗憾的是国内企业还没很好地利用既有的数据，如中国各大银行、通信公司、大型超市等。

笔者认为企业未来的营销将会是整合企业既有的数据资源，如客户数据（CRM），通过社会化媒体营销、电子邮件营销、数据库营销等方式进行细分的、人性化、目的性强的营销操作。企业必须更新既有的团队和营销手段，强化在数据方面的尝试。

四、社会化电子商务是个趋势

社会化电子商务、品牌的在线社区化是一个必然趋势。淘宝也看到这样的趋势，从 2009 年开始积极打造电子商务的社区化，也推出相关的社区功能。许多企业已开始实践，常见的偏差是以为社会化的电子商务就是要在自己官网上弄个 SNS，将用户框起来，殊不知后期运营压力会很大。

内容营销是一把匕首

笔者一直认为，优秀的内容是互联网的根本。许多传统媒体的朋友认为：相对于 Web 2.0 平台，我们的杂志、报纸的竞争优势就是自己的编辑团队。不可否认，这是传统媒体剩下的为数不多的资本。而网民自身生存的内容（UGC）呈现的业态是：

- 碎片化，零碎化。许多内容需要结合上下文方能理解，更有甚者，只有网民自己才能明白，网友戏称其为"火星文"。

- 自由度大。很少有网民会严格编辑自己的内容，UGC 的内容缺少系统性、连贯性，形式杂乱。

- 专业性不足。网民通过互联网来表达自己对事物的认识，对工作的反馈，这些内容与传统媒体相比，缺乏专业性。也许这就是 Web 2.0 的精髓，基于情感纽带的自我表达。

笔者认为，网民可以随意地，甚至以碎片化的形成提供内容，但是作为企业，则需要用心花时间来制作有价值的内容。例如，一个网站，如果拥有优秀的内容，那么网民迟早有一天会来到这里，并最终停留下来；反之，如果网站上的内容很糟糕，甚至是简单的拼凑，网民就会流失。优秀的内容值得我们花时间去制作。比如译言，通过提供优秀的翻译文章，满足许多英语不大好的用户对国外资讯的需求，获得用户的认可。

在笔者给企业做咨询的过程中发现了一个误区：一些企业提供或制造非常流行的内容，以为这样会传播得很广，自然也就达到了内容营销（Content Marketing）的目的。笔者认为"流行并不意味着有效"，归结到底是内容能不能支撑企业的商业战略，企业做内容需要从策略层面把握。

以下是笔者服务过的一个案例：××新能源汽车零配件企业在国内拥有领先的技术和专利壁垒，笔者给企业梳理内容营销的战略和方案，最终确立了：放弃走自吹自擂的内容提供路线，走专业的、优秀内容提供路线。通过众多的平台，企业将自身的优势和科研成果进行展示，一方面让整车厂商、科研机构可以寻找过来，另一方面可以加强企业在行业领域的地位。最终收到了良好的效果，多家汽车厂商找到企业，希望尝试使用他们的产品作为标配；清华大学、同济大学等众多国家新能源研究中心通过互联网找到企业，建立了科研合作；行业内的企业也知道了这种产品，为此企业获得了许多潜在的商业机会。

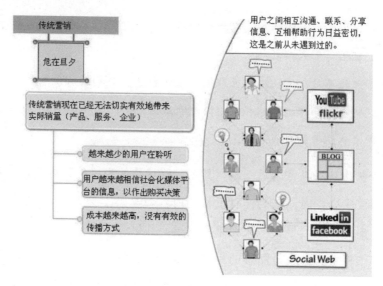

注：上图解说的是传统营销和新营销中的不同，传统营销在效果、影响力上大幅度下降，而新营销却呈现出强大的生命力。

流行的内容并不能等同于客户的价值。那么我们应从用户的角度，制作他们愿意接受的内容，下面是笔者总结的经验。

（1）开展社会化媒体营销之前，须制定明确的商业目标。明确我们给用户提供的报告、白皮书是想获得什么？影响用户购买的决定因素有哪些？目标明确的营销活动，才能获得良好的效果。

（2）用客户的用语来描述内容。笔者多次看到不少企业的内容用生硬的术语表述，很少顾及用户是使用什么样的语言来获取信息的。更有甚者，企业直接将自己的产品讨论会，或内部行话写出来，这样的内容的效果对终端客户的影响是可想而知的。

（3）关注垂直领域的价值和需求。如果企业想吸引垂直领域的用户，那么就需要关注行业话题并提供相关的内容。比如数码相机、智能手机、汽车等领域。

（4）创意的表达。要想在内容庞杂的网站上获得用户关注，创意的表达是一个明智的方法。为此企业需要：

- 写好标题，但切记不要成为标题党。

- 关注内容的创意呈现形式，可以是图表、图片、视频等。

- 内容有趣，创意描述明白易懂。

（5）雇用优秀的写手。此处的写手并非指简单的水军，企业在活动中有时候需要雇用一些网络内容写手，一方面可以借助意见领袖的影响力，另外也可以为用户提供优秀的内容，将企业想表达的内容发布出去。

（6）引用网民的评语。网民的话很具有说服力、煽动性，会让用户感同身受，感觉企业更亲密。相对意见领袖或专家，网民的评论更具草根性，也更生活化一些。

（7）让内容更容易被找到。企业提供的优秀内容发布平台也很重要，我们可以将内容发布在企业的博客上，也可以将内容发布到垂直的论坛上，还可以将内容发布到大众社区上去。在发布内容时要选择好平台，平衡好投入产出比的问题。另外还需要对发布的内容进行优化，让其更加适应搜索引擎爬虫的算法，对内容作精准的标签或备注。

（8）让内容分享更容易。在内容的发布传播渠道中，企业需要考虑用户传播的需求，提供类似邮件下载、RSS、分享到微博、社交媒体等平台的按钮。

内容营销是一把利器，越磨越锋利。我们看到众多的品牌尤其是3C（电子产品）产品在这方面的投入是巨大的，刺激了类似中关村在线、天极网等众多垂直网站的发展。企业在内容营销上需要做好长期投入的准备，夯实互联网传播内容的基本功，也只有这样，品牌才可以通过互联网来影响用户的购买和消费行为。

微思考：

你的企业对社会化媒体上的内容是否有规划？

互联网上的内容是否有利于品牌传播？市场销售？消费者购买决策呢？

如果改进企业互联网传播的内容，你打算从那里下手？

社会化媒体下的病毒传播

利用视频平台进行营销已经不是新鲜事情，国外经典案例如"Will it blend？""Where the hell is Matt"等案例。国内利用优酷、土豆等平台来做视频传播的案例也很多。例如，作为中国视频传播的经典之作百度更懂中文的三部曲（唐伯虎篇、潘金莲篇、神捕篇）；恶搞最牛的电信、移动公司接线员；也有中规中矩的联想的病毒视频《如果爱》一类的作品。下图是 Blendtec 的"will it blend"在 Youtube 上的频道，这个企业典型的做法是社会上出现什么热门产品，他们就搅碎它们。其中已经搅碎的有：苹果的（iPhone4s、iPad、iTouch 等）、高尔夫球杆、汽车部件等。通过系列的病毒营销，引发网友热议。

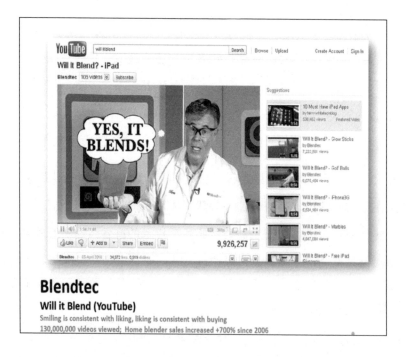

正如《牛仔很忙》唱的那样，互联网上知识太丰富，娱乐的材料也很多，没人有空看你长篇文字的叙述。相对于软文，笔者个人更喜欢视频营销的模式，

企业想讲什么，视频可以让人一目了然。试问，现在能有多少人从头看完软文，又有多少人看完后会自发传播呢？ 可见软文炒作的娱乐精神，不如病毒视频来的有趣。

既然视频营销 ROI 这么高，为什么企业无动于衷呢？根据笔者观察原因无外乎以下几点：

- 企业完全不懂还可以利用视频来给自己做宣传。
- 没有多媒体制作人员，认为做视频传播很麻烦。
- 企业对病毒视频营销的投资回报率不确定。

其实企业的病毒视频不需要拍摄的像好莱坞大片那么专业，才放到视频平台传播。企业太认真了，可能用户一看就知道是广告，抵触情绪大，传播的效果未必比简单制作的好。

其实，企业完全可以用自己的智慧，开创一个经典的视频病毒传播。那么如何让你的视频能够广泛传播出去呢？

一、视频的内容

视频的内容是关键，不是每段视频都被大家传播。最好制作平时不常见的、超过一般人想象力和承受力的内容，可以通过夸大、夸张，让内容更具心理震撼力。做普通内容的，则不如做温情的视频相对可靠。所以，需要结合产品品牌的定位，营销的策略，进行相关内容的制作。

二、视频的传播机会点

视频传播也需要抓住传播的时间点。比如笔者之前给一个快速消费品在春节做视频的传播，就抓住中国"家"的文化，大雪阻挡不了游子回家的亲情，结合中国的春节文化、生肖文化，最终实现了既定的传播目标。

和事件营销类似，企业应该抓住网民的注意力进行营销。正如笔者经常讲的：你的目标客户注意力集中在哪里，哪里就是根据地。不要放过每次机会，不论是奥运会，还是三聚氰胺，突发的自然灾害，只要用心，就完全可以在视频营销中有大作为。

抓住机会，就成功了一半。

三、视频的创意

视频营销也是需要自己的个性的，许多人错误地认为视频传播就是搞笑视频。搞笑视频虽然是一种优秀的视频传播形式，但大家之所以会传播你的视频，主要还是看重你的创意。如果你的创意太普通，就没人会传播。圈内的许多朋友向笔者抱怨，随着各种传媒的不断轰炸，用户欣赏水平越来越高，用户的视觉、情感都疲劳了，要想真心感动用户，活动创意人员面临着更大的挑战。

比如诺基亚做了一个视频病毒营销：一个诺基亚手机被鱼吃掉了，几个月后当这条鱼被抓到后，诺基亚手机还是可以继续使用。这说明什么？说明诺基亚防水、耐用。

创意就是灵魂，没有创意只能到边上打酱油。

四、视频的亲民性/情感性

我们制作内容时，一个容易犯的错误是，没有站在用户的角度思考，做的视频和用户有距离感，不那么亲切，这是一个大忌。

最好的视频，应该完全从用户的角度来制作，而不是像联想病毒视频传播中，大张旗鼓地说该视频是联想赞助的。

另外，关于传播平台的选择、视频标记（title）、关键词（keyword）优化、搜索引擎优化（SEO）等方面的视频传播注意事项，鉴于篇幅不作赘述。

视频传播转化为病毒传播是值得我们期待的，虽然很难有人能让每个视频都成为广泛传播的病毒，不过我们在制作过程中还是应该遵循上述这些原则，做出优秀的传播视频。

五、如何破解病毒营销

提到病毒，让人不寒而栗，但近年在网络营销界，神秘的"病毒营销"也正如火如荼地传播，让无数人感染……病毒营销指广告信息设置非常巧妙，受众不抵触并协助传播，信息像病毒一样自发地传播和扩散，快速复制传向数以千计、百万计的受众。病毒营销的发生机制：广告/品牌信息是明晃晃的鱼钩，我们不能像姜太公一样愿者上钩，而应该给鱼钩放上香喷喷的鱼饵——受众喜闻乐见的信息。受众闻香而来，甚至呼朋引伴，助推了传播，当然在享受鱼饵的时候，更不知不觉将品牌广告的鱼钩吞入肚中。

由于病毒营销嫁接了受众作为传播媒介，靠创意驱动传播，可以做到"免费"推广，免费广告；用户以指数级别增长；投入少、造势快等。正是基于这些优点，企业积极开展病毒营销活动，大家都希望做成经典案例，但经常遭遇"病毒营销可遇不可求"的尴尬局面。

六、向甲流取经，解码病毒营销

到底该如何设计病毒，开展病毒传播呢？医学中的病毒与网络营销中的病毒营销是近亲，从 H1N1 流感的传播途径中，我们可以借鉴 H1N1 病毒传播的方法和影响，根据笔者病毒营销的经验，结合网络营销中的病毒传播相互比照，揭秘病毒传播的策略和方法。

H1N1 流感传播速度极快，究其原因有以下几点：

- 病毒传播容易
- 病毒传播环境佳（人群密集区）

- 病毒具有隐蔽性（桌子、电话上）

- 病毒生命力顽强

结合 H1N1 流感传播的启发，总结以下几条病毒营销策略供参考。

1. 有内涵的病毒——有料

没有病毒何来传播？病毒本身是引发传播的母体和根本，如何使设计的信息内容具备病毒特性？网络整合营销 4I 原则[①]中的 Interests（利益原则）与 Interesting（趣味原则）可以作为生产病毒的指导标准。

互联网中有一个强大的定律——免费模式。要是你能提供优秀的内容、免费的电子书、免费的试用装、免费的网络服务、免费的……那么用户就会帮你传播，转发给朋友。网络整合营销 4I 原则中的 Interests（利益原则）告诉我们：给予用户利益，没人会抗拒！

互联网是娱乐经济，是注意力经济，病毒的设置，应该具有娱乐精神。回顾一下火爆网络江湖的内容吧，芙蓉姐姐、春哥、贾君鹏……哪个不是娱乐的底色？网络整合营销 4I 原则的 Interesting（趣味原则）认为，无娱乐，不病毒。同时不要忘记将病毒巧妙地掩藏起来，合理展示出来，这一点很重要。

2. 病毒传播要容易——蒲公英远播千里

就如我们看到 H1N1 流感传播的那样，其只需通过咳嗽或喷嚏就可以在人群中传播，而不是像艾滋病，需要通过血液、性才可以传播。我们在开展病毒传播之时同样需要考虑如何让用户简单地进行传播。

简化营销信息，让用户容易复制、传递、转帖、下载、发送邮件等。我们需要充分考虑用户使用互联网的习惯和传播成本。

[①]4I 原则：Interesting（趣味原则），Interests（利益原则），Interaction（互动原则）和 Individuality（个性原则）。

病毒传播成本大于传播获得的乐趣，用户将不会去传播；反之，传播成本越低，获得病毒传播的机会就越大。

3. 寻找易感人群

H1N1 流感为什么在儿童年龄层次容易爆发？因为儿童的免疫力和抵抗力不如成年人。如果 H1N1 流感爆发在南极、北极，由于人烟稀少也将不会被传播。

我们进行病毒营销传播也是需要寻找容易感染的人、传播的平台。针对设计的病毒，寻找容易感染、反馈、参与病毒营销的潜在感染者。比如设计的病毒目标载体是时尚年轻人，那么我们就需要事前进行病毒测试，测试感染性怎么样，是否容易感染上病毒。另外，寻找开展病毒营销的平台也很重要，年轻人在互联网上聚集在什么平台，我们就去这些平台开展病毒营销。这样，这个病毒营销就容易爆发。

4. 病毒变种——无敌变形金刚

流感病毒一直在和人类做斗争，积极地变形以保证适应人体这个载体。比如甲流在香港出现了变种，更具备了传播性。我们在设计病毒营销的时候，也必须全程监控病毒传播的效果和反应。面对用户的反应，与时俱进地修改、调整病毒，做出一个生命力顽强的病毒，"变形金刚"版的病毒，还怕没有传播机会？

H1N1 流感是我们需要严防死守的，病毒营销却是我们追求的，学习"甲流"，制造病毒，做优秀营销。

案例三：1 天获得 1 万个用户的病毒传播

案例是真购网开展的网络活动，活动的内容很简单，就是用户注册真购网，再另外成功邀请5位好友注册，就能获得星巴克兑换券或免煮咖啡，将以邮寄的方式把礼品寄到用户手上，并且承担邮费。从笔者对这次活动的观察，他们仅用一天就把2000张优惠券发送出去了，2000×5刚好10000个用户。

这种活动其实并不新鲜，点点网就搞过类似的活动，包括送电影票和送哈根达斯兑换券，也取得了不错的效果。这也侧面反映了一个问题，这种邀请用户注册并且送礼品的病毒营销方式是能够广泛适用的，不仅真购网可以做，另外很多其他的B2C一样可以。然而，活动的效果最终怎么样，最后还是得看不同团队所采取的具体策略和实际的执行力。

1. 要选择合适的礼物发送

像这类邀请用户注册并且送礼品的活动，送什么礼品是需要很讲究的，笔者甚至认为这是活动是否成功的至关重要的一步。总结了三点大家进行这类型活动选择礼品的注意事项：

1）客户群体的关联性

选择的是送星巴克咖啡，为什么要送星巴克咖啡呢？打开主页，可以轻易了解其所卖的产品主要是一些家具、数码、汽车等用品，大概可以把其他们的客户群体的定位为懂得享受生活，有生活品味的中端及中低端消费者，而星巴克的客户定位是一群注重享受、休闲，崇尚知识、尊重人本位的富有小资情调的城市白领。可见，二者的目标人群是比较接近的。也就是说，会去星巴克的人，很可能也会对一些新潮的、有趣的家具用品和数码用户感兴趣。

2）品牌的关联性

星巴克的品牌形象给人的感觉是健康时尚，注重顾客体验。对于刚成立不久的B2C来说，尽快确定消费者对自身网站的品牌认知度相当重要，而真购网正好借这个发放星巴克礼品的机会，在活动的整个过程中给消费者以潜移默化的影响，让消费者把对星巴克的品牌认知转移到对真购网的品牌认知上。

3）礼品的实用性和价值

笔者看到过很多这种活动送礼品的，但大多数都是不太实用的东西，譬如送优惠券要消费满多少才能用，或者送杯子、送公仔等这类实用性不太强的产品。一般来说，吃的东西比较实用和受欢迎程度也比较大。一般一杯星巴克咖啡 30 元左右，礼品价值的选择比较合适，不贵也不太低。这样的礼品就相当有吸引力。

2. 要选择合适的推广渠道

病毒营销的优势是不用自己动手去推广，然而活动的发起初期也需要适当地选择渠道进行推。活动的推广渠道选择也是相当重要的，不同渠道来源的消费者特点不一样，到底是贪小便宜的消费者呢，还是真的网站的目标客户群体。经过笔者的观察，这次活动的推广渠道主要有两个：一是在自身网站主页的推广，二是新浪微博的大转盘的推广。

新浪大转盘的用户群体有这样一个特点，他们往往经常守住大转盘来参加各种的抽奖啊、送礼活动；优点是这个群体对这类送礼品的活动参与兴趣较大、更为主动；缺点是他们未必是网站的真正的目标定位群体，很可能仅仅是为了礼品而参与活动，甚至用一些欺骗的方式来达到目的。笔者认为真购网这次活动能在一天里把所有礼品送出去，很大可能得益于新浪大转盘的这部分喜欢免费礼品的用户。然而，这部分用户的价值有多少呢？是否最终能成为核心用户呢？这个问题有待商榷。

3. 要确保注册用户的有效性

标题写的是 1 万个有效用户，这里的有效指的是通过了手机验证的用户。为了确保用户有效，这次活动明确规定一定要是通过手机验证的用户才算有效。选手机验证而不选邮箱验证，可以看得出他们的团队还是很聪明的，但是道高一尺魔高一丈，还是有人能找到方法来应对的。少部分用户，在淘宝上购买那种过期的手机卡来接收的验证码来通过验证，确实更高明，当然，这就违背了活动的初衷了。

遇到这种情况怎么处理呢？笔者建议可以随机打电话来验证顾客所填写的资料，如果有像上述的作弊嫌疑的就取消资格。在他们的活动页面上有这样一条规定：邀请的好友手机号超过50%无法接通，将取消资格。看来他们也是做了一些预防措施的。这里给我们的启示是，要尽可能地确保用户的有效性，活动之前就要明确好规则，并且做好各种反作弊的说明。

4. 要能进一步扩大活动的影响力

很多时候，病毒营销来得快，去得也快。像这种活动一天就把所有礼品送出去，确实值得高兴，但也有一个明显的缺点，就是活动的影响很快就会消失，热度也会降低。如何最大化活动的影响力呢？他们采取的是通过微博晒单送现金券的方式来进一步扩大活动的影响力。然而，这一步要做得好并非容易，搜索一下，也仅仅只有几百条微博发表过相关主题的微博，这里还有很大的提升空间。

笔者建议可以把这种晒单模式改成一种有趣的互动性更强的形式，确保活动能持续下去。当然，这也需要精心策划。

5. 要想办法留住用户

注册用户超过了1万之后，更重要的是想办法把用户留住并且尽可能让他们成为那20%的核心用户。有了客户的手机号、客户的电子邮件等，短信营销和邮件营销都可以执行起来。譬如，这1万的用户不少来自新浪大转盘，抓住这部分用户喜欢免费、折扣的心理，可以针对性地对他们发送一些打折促销的电子邮件进行营销。如何有效地利用这批用户将成为这类活动结束之后更重要的目标。

活动运营分析：

包邮发送 2000 份咖啡产品，VIA 咖啡 25 元/包，券均价在 26.8 元/张，假设邮费都是 10 元，大概是 35 元，礼品成本大概是 70000 元。注册用户是 10000 多，假设有效部分为 80%，那么也有 8000 的有效注册用户。70000 元换取 8000 个有效注册用户，平均成本是 10 元不到。一般来说，新 B2C 网站获取一个有效的用户平均成本都在几十甚至上百以上，所以说这个成本还是比较低廉的，但更重要的是，这个活动能带给用户对网站更好的品牌认知度，在活动的同时建立了公司的品牌；也通过活动，让这些领到礼品的消费者进一步加深了对网站的了解和信赖。可以说，这种方式的推广相对于一些广告投放、百度竞价投放等还是有着其自身独特的优势的。总的来说，类似病毒营销的方式还是值得我们去尝试的。

社会化媒体营销的 7 个忠告

一、社会化媒体战略缺失

社会化媒体的快速兴起，使众多企业有些摸不着头脑，前一天还纠结在平面广告、电视广告、网络广告上，而现又要接受社会化媒体带来的挑战。许多企业咨询笔者，典型的疑惑是："我们玩微博不知道要玩多久，跟风玩几个月，不知道未来要不要玩微博"。社会化媒体不应该仅仅是营销，其对整个企业运营都会带来巨大挑战，可怕的是许多广告和营销服务公司都在赚快钱，根本不顾及什么战略不战略。笔者建议：企业在没有想清楚之前，社会化媒体活动不如不做，否则会引火上身，不得安宁。

二、不重视口碑监测

危机往往源自我们不重视网络舆情的力量，不参与到网民的讨论中。随着微博、SNS 的冲击，未来口碑监测的重要性将凸显。企业现在已不能控制社会化媒体的传播与对话，如果再不参与口碑监测和及时回复，那未来将危机百出。

三、期待"短平快"，即刻收获

社会化媒体不是一笔买卖，本质是在和网民建立关系，构建消费社区，这就注定需要时间来培养感情和信任。短期的眼光会导致非理性的行为，社会化媒体活动不应该成为"伟哥"，那样不符合科学，不符合逻辑。为什么我们还要那么急功近利？我们应该更多地关注 KPI，而不是简单的 ROI。

四、资源投入，配比不给力

现在的营销已从广告模式转变成建立关系（relationship），需要投入更多的资源、时间和人力来支撑企业在社会化媒体上的表现。据笔者的观察，在社会化媒体领域做得优秀的往往是那些拥有清晰的目标，活动之初即做过充分的市场调研，过程中调用众多资源来实现既定方案的企业。

五、只关心企业自身

正如笔者经常说的，社会化媒体不是放烟花，其需要聆听（listen）和互动（interact），在活动策划时如果只关心企业本身（如产品、市场、新闻）将不会获得成功。我们需要为整个社区（community）提供价值，提供乐趣。附图是思科在内部推行的社会化媒体路线图。

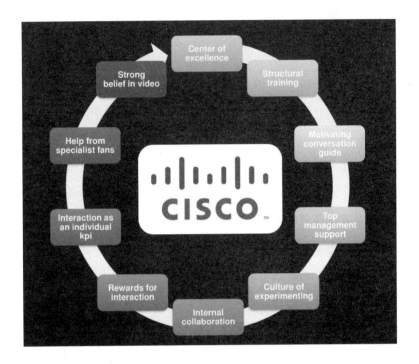

六、内容简单同步

许多企业不用心对待在社会化媒体平台上的内容，仅仅是常规的同步、复制，没有经过再加工。试问：用户读到这样的内容的时候，会想什么呢？笔者一直强调内容在新营销中的重要性，我们需要对博客读者、微博粉丝、SNS 好友、BBS 居民、视频网站观众真诚地对待，只有用户体验好了，营销信息植入才会有意义。

七、忽视活动整合

社会化媒体是一个生态，不同的平台拥有不同的用户，应当保持平台活动的链接（Synergy），整合互联网上整个活动的信息流和人流，从而形成良性的生态系统，使不同的生态圈有交集，有火花。具体解决方案是：将不同的平台和市场活动作一个无缝对接，使企业官网、线下公关活动、数字营销活动点燃整合传播的导火索。

案例四：社会化媒体创意餐厅

将自己精心烹制的饕餮大餐拍照上传，让网友们评论打分的做法，早已风行多时，见怪不怪。如果有这样一家餐厅，为你提供苹果专卖店版的消费环境，你要是愿意还可以事先通过网络为自己亲手定制汉堡，并将其发到Twitter、Facebook和Foursquare上与大家分享，你是否不敢相信?美国纽约市"4Food"正是这样一家创意餐厅，它将传统餐饮嫁接上社交网络的新枝，开辟出一条与麦当劳、肯德基们风格迥异的餐饮营销新路径，可谓一个彻头彻尾的未来派。

一、是汉堡，更是独特体验

走进4Food，你或许会误以为踏入又一家苹果专卖店，服务人员手持一台当下最热门的ipad平板电脑为你提供点餐服务，挂在墙上的240英寸超大液晶屏上播放的也不是像肯德基、麦当劳那样的菜单，而是粉丝们在 Twitter 上的留言，或者是正在这家餐馆"签到"的 Foursquare 用户。

在 4Food，你将得到的不只是一个汉堡或者一杯饮料，更像一次线上线下联合的快乐游戏。你可以像过去习惯的那样在柜台上下单，如果你喜欢亲自动手，也可以通过 ipad 链接到餐厅在线订单系统进行操作。实际上，倘若你早已对那些千篇一律的菜单感到厌烦，你大可提前登录它们的网站（4food.com）依照个人喜好进行个性订制。

它们销售的汉堡也同平常见到的不一样，中间有一个洞，更像甜圈，让客户可以塞进鳄梨、烤豆或者奶酪等等。通过选择不同类型的汉堡和塞进不一样的填充物，你就可以搭配出花样众多的汉堡新品。当然，正所谓独乐乐不如众乐乐，你还可以通过 Twitter、Facebook 等社交网络公之于众，跟朋友们一起交流分享。早在正式开张之前，4Food 就在 Twitter 上深耕细作，有将近 500 名粉丝就 4Food 和纽约人如何减少城市垃圾的话题而展开热烈讨论，提供最佳方案的用户将会获赠一个月的免费餐饮。

甚至它聘请的员工也与众不同，他们全部来自失业机构的推荐，处处标新立异的 4Food 在努力提高商业营收的同时力图主动承担更多的社会责任，为建设美好社区尽一份绵薄之力。身处席卷全球的绿色消费大潮，4Food 自然不甘落后，它们销售百分之百的有机食品，来提倡健康的消费模式。愿意尝试新创意的消费者，常常也是那些深度关切生活方式、自然生态乃至社区建设的人士，彼此自然情投意合，即便价格更高亦在所不惜。

随着服务的日益同质化，提供独特的消费体验，开展体验营销，已然成为商家实施品牌差异化战略的又一个新的诉求点。商品是有形的、服务是无形的，而所创造出的体验则是令人难忘的；与外在的商品、服务相比，体验是内在的，深入消费者心中。正是借由炫酷的电子硬件设施、开放的社交媒体互动、参与式的消费模式、绿色时尚的产品，以及富于社会关爱的员工招聘计划，4Food 不走寻常路，让营销创意融入快餐服务的每一个细节，树立了个性鲜明的品牌形象，成功地将单调乏味的传统餐饮服务幻化成难以忘怀的独特消费体验。

二、是顾客，也是推销员

传统餐厅依靠消费者的口碑传播来吸引新顾客，成长缓慢，显然不能满足现代企业的发展需要。广告投放不单费用高而且容易造成受众的抵触情绪，效果日益低下。社会化媒体或许是一个不错的选择，用餐本来就是大家最常见的社会交际方式，用社会化媒体来推广餐饮再合适不过。区别于传统快餐企业营销模式，4Food 另辟蹊径，通过巧妙设置激励机制，发挥社交网络的互动性与参与性的优势，大幅提升口碑传播的广度与力度，让顾客们彼此之间相互营销，成为为我所用的推销员。

社交网络的采用让整个消费过程变得新鲜有趣，可是如何长久维持下去呢？这正是 4Food 采取激励措施的原因所在。它希望与消费者之间建立的关系可以长期维系，而不只是一次用餐。在 4Food 网站定制完汉堡并将其取名之后，它就成了你的个人作品，如果被其他顾客选用，你的账户中就会收到每份 25 美分的销售提成，下一次消费时可以换成等值的汉堡。有趣的是，4Food 还会将卖的最好的汉堡摆在排行榜上，排名第一的消费者以后每次来消费时都会得到一个免费的汉堡。如此一来，顾客不但可以为自己定制可口的汉堡，还可以将独特配方与大家分享，获得他人的认同，甚至还能带来一份实实在在的经济收益，一举多得，何乐而不为？这就促使顾客积极主动地通过 Twitter、Facebook 或者博客以及其他媒介进行自我推广，不知不觉地充当了 4Food 的营销员。

此外，4Food 还与当下风头正劲的移动社交网络服务商 Foursquare 建立合作，为"签到"用户提供积分、折扣或者优惠券。顾客签到的频率越高，获得的积分就越多，从而获得相应等级的徽章。60 天内签到次数最多的用户，还会成为 4Food 的 "Mayor"（市长），享受到特定的优惠与折扣。轻松地签到一下，用户既可以记录自己去过的地方，又可以将自己的位置以及自己的亲身体验告诉 Twitter 和 Facebook 上的好友。正是新老朋友间的口耳相传，既提高了品牌知名度，又形成了口碑传播。

三、有机会，也有挑战

面对激烈的竞争，餐饮行业早已利用新技术提升盈利空间，可大多都是更高档的电视音响设备或者最新潮的触摸式点餐系统，像 4Food 这样热情拥抱网络、全面进行革新的却未曾见过。4Food 一方面为顾客提供不同寻常的个性消费体验，另一方面利用社交网络激励顾客传播口碑，双管齐下，效果非常值得期待。须知，此前一辆名为 "Kogi" 的流动快餐车仅仅借助 Twitter 的网络口碑营销，短短三个月就迅速征服无数洛杉矶人的胃，成为美国知名度最高的流动餐馆之一，甚至连 BBC、《纽约时报》和《新闻周刊》都将它作为报道对象。据说，4Food 单是筹划这个餐馆，已经长达几年之久，打算在短期内一口气开足 12 家分店。

第 **3** 章
社会化媒体营销的策略与方法

- 传统营销必须联手社会化媒体
- 社会化媒体应用：揭秘粉丝行为学
- 案例一：化妆品粉丝行为助力营销传播
- 让消费者成为你商业模式的一部分
- 案例二：戴尔构建品牌社区的努力
- 用户浏览行为透露玄机
- 社会化媒体时代在线购买决策
- 社会化媒体的 3 个本质问题
- 不可忘却的 4 个秘密武器
- 如何制定社会化媒体营销策略
- 如何开展社会化媒体营销活动
- 案例三：某软件产品社会化媒体营销策划
- 案例四：电影《非诚勿扰 2》的营销推广

传统营销必须联手社会化媒体

假设你是一名市场人员，需要制定市场推广与产品运营的战略和目标，传统的市场营销策略包括广播、电视、期刊和事件公关。随着营销环境的改变，如果从有效的投资回报率的角度来看，不包括社会化媒体的方案就是个不完美的营销策略，不完整的产品推广方案。

我们必须提供原创的可共享的内容和令人信服的号召性的行动（Call to Action）。企业必须为网民提供一些有关公司或产品的热点内容，如为客户提供一些有趣的内容如产品的特性及个性化的设计等资料。

在过去，公司往往告诉消费者买什么，甚至欺骗消费者。今天，我们生活的这个世界，消费者之间可以互相沟通，探讨产品或服务的信息。我们只要看看淘宝、大众点评网、豆瓣网，甚至是百度贴吧，就可以看到什么是网民之间的交流。

我们看到许多网站出现了点评大学老师课程、公司薪水福利的红黑榜。互联网已经走向民主化，当一个公司或产品有负面的事件，它可以非常迅速地传播，形成漩涡，直接引发公众的参与。可以说，互联网不是一个人的疯狂，是一群人的狂欢。因此，在设计营销、推广方案的时候一定要把社会化媒体作为一个营销策略。

如果企业已经拥有了品牌和官网，接下来该怎样做？首先是要让网民能够找到，需要搜索引擎优化（SEO）的支持。通过相关的数据资料分析出用户会使用哪些关键词来进行检索，我们可以提供适度的内容更新，利用和关键词的匹配程度、外链等手段让企业信息更易出现在网民检索的结果页面中。搜索引擎优化（SEO）是一种整合技术和内容的优化手段，它是社会化媒体营销的基础。究其原因就是网民通过搜索引擎来获取信息还是一种主流的手段，放弃主流信息入口，营销推广就可能走偏。笔者发现有些企业把搜索引擎优化（SEO）作为唯一工具，通过欺骗搜索引擎，导致搜索引擎收录的关键词和网页内容的契合度不高，网民到了首页即离开，企业可以从网页的跳出率中获得数据的支持。

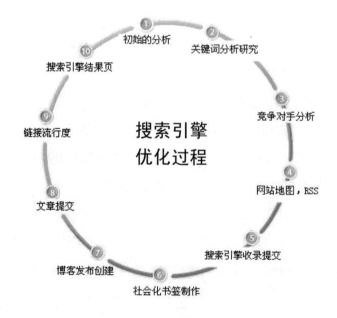

在社会化媒体营销推广策略中，除了被发现的意识，还涉及到社会化媒体需要整合使用博客、开心网、人人网、新浪微博、百度贴吧、百度知道、优酷、土豆、天涯、百度的竞价排名和许多其他网络地图，以增加你的网上知名度和参与度。最终你会发现，这些社会化媒体平台的使用将帮助企业的搜索引擎优化（SEO），可获得搜索引擎的喜爱，企业在搜索引擎中的内容呈现出有序、多层次的特点。

如何衡量企业在社会化媒体努力的结果？答案涉及很多方面。衡量网站流量的最佳工具是谷歌分析工具 Google Analytics（免费），它可以跟踪网站的总访问量、网站的跳出率、网民的媒介来源（搜索、查询或直接流量）、网民的忠诚度和网民来源地区。目前需要更深入的检测工具，包括测量互联网广告效果的 Omniture，Twitter Search 是测量你的 Twitter 网页的质量的。至于评估社会化媒体的 ROI，社会化媒体营销的评估体系目前依然处于争议阶段。

利用社会化媒体的利益点，可以带来网站的访问量，带来潜在的销售机会，寻找更多合适的潜在客户，增加销售额，降低企业平均订单成本。通过聆听消费者意见，可以建立互动关系，提高品牌美誉度，让售后、客服工作更具成效。

微思考：

使企业的内容在社会化媒体、搜索引擎上获得更广泛的传播，我们可以采取哪些方法？

在社会化媒体营销推广中，如何增加企业发布出去的信息的可信度？

社会化媒体应用：揭秘粉丝行为学

在社会化媒体平台上，用户会充分发表自己对品牌（企业）的意见，或点评产品及服务，一份报告显示：以每周作为统计间隔，33%的微博活跃用户会点评企业或产品一次或更多，32%的用户会自发推荐企业或产品，30%的用户会咨询或探讨某个产品（企业）。

微博平台有这么多用户发表针对企业或产品的留言，我们的企业关注、处理了几条呢？从笔者的观察，目前国内很少有企业对社会化媒体平台上的反馈、微博留言进行认真回复处理。这是一个改善用户体验，塑造品牌美誉度，引领行业创新营销的绝佳机会。虽然说社会化媒体是一个耗时间的工作，但在这方面的投入产出比是非常高的，我们将收获高的客户满意度，直接导致回头客户的再购买。如果我们整合 CRM 系统，可牢牢维护好企业客户关系。

我们从 ROI Research 的《消费者使用社会化媒体的态度报告》来解读用户成为一个品牌的粉丝其背后的目的是：

- 网民认为社会化媒体可以给他们最新的、最有价值的消息。
- 如果我朋友成为某个品牌的粉丝，那我也要跟随。
- 成为某个品牌的粉丝，让我感觉像个 VIP 用户（荣誉的心理驱动）。
- 喜欢通过社交媒体来与品牌进行互动。
- 可以获得企业新产品信息。

笔者认为，社会化媒体改变了之前僵硬的商业交流模式，企业和用户的交流更加直接，双方的活动对话可以使用最新的口碑营销工具，更好地满足用户在互联网层面的交流需要。对话的平台则需要聚焦社会化媒体平台，如微博客、SNS 和 BBS 等领域。

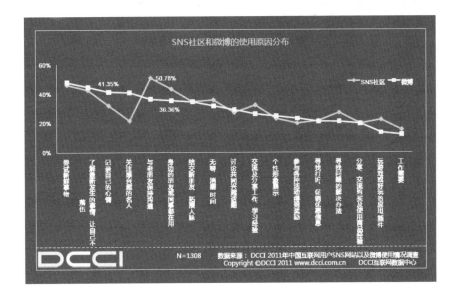

有些用户既不成为品牌主页（Fan page）的粉丝，也不跟随企业的微博客，那么在设计传播的到达率时，就需要关注这些用户的朋友，诱发朋友加入后，通过朋友的举荐或分享来引发这些用户的参与。

案例一：化妆品粉丝行为助力营销传播

小蜜蜂（Burt's Bees）是一个美国化妆品品牌，有趣的是这个品牌从不打广告，其创始人称"为了环保"。近日小蜜蜂品牌做了一次社会化营销活动，从品牌传播、消费者口碑、网络产品销售都有所涉及，特整理和大家分享。采用的思路是：品牌植入 - 品牌互动 - 口碑分享及传播 - 促进销售。

一、品牌植入

首先小蜜蜂选择适合的植入平台——社区及 SNS 群组，聚集消费者口碑的源头，通过口碑源再逐步向外发散，最终我们选择在女性社区建立小蜜蜂的品牌Club，聚集近40万的年轻女性化妆品社区，精准的消费群体，对化妆品相关的话题有浓烈的兴趣，产生的互动效应非常良好，最重要的是，这样的平台是最适合口碑分享和传播的。其还将小蜜蜂的产品加入网站的"宝贝"（化妆品产品库，消费者可以点评产品）频道，以增强推动起来的口碑效应，带动整体产品线的所有口碑和品牌关注度。

二、品牌互动

在小蜜蜂的试用体验活动中，女性用户在社区中表现了极其强烈的兴趣，社区活动在1个月中，召集帖总计获得了15万多的浏览，3000多次回复，可以说实现了非常热烈的互动效果，很多网友表现出对小蜜蜂产品极其关注的态度和强烈的购买欲望。通过品牌互动的环节，小蜜蜂品牌实现了非常良好的曝光，提升了小蜜蜂品牌在网络上的知名度以及在精准女性群体中的品牌影响力。

三、口碑分享及传播

体验活动通过社区进行召集，试用中心进行用户过滤和筛选，选择最符合小蜜蜂品牌定位人群的试用者。获得试用机会的网友也愿意积极与更多人分享她们的试用感受，她们将试用报告发表在小蜜蜂的品牌 Club（小蜜蜂的论坛）中，成为网络口碑营销的源头。通过互联网的分享机制（激励性质），用户会把她所写的试用报告转载到其他的知名女性社区中，如：瑞丽网、Onlylady、Yoka、新浪美容论坛等。下面是活动的一些数据：

- 活动 PV 近 30 万；

- 社区召集帖点击（Click）152 124 次，回复 3216 次；

- 小蜜蜂论坛新增 200 多篇主帖，5000 多回帖，帖子数量远远多于欧莱雅论坛的数量；

- 总共派发产品数量：250 份；

- 试用报告数量：142 篇（口碑获得率 57%）；

- 500 字左右的报告 111 篇（高质量的口碑占 78%）；

- 试用报告主动转载 642 篇（传播率 6），被动转载如雪球一般越滚越大；

- 覆盖 64 个女性相关论坛、SNS、群组等社区媒体，32 个 BSP 博客平台；

- 不完全统计，转载的试用报告共获得 356 432 次浏览，5169 次回复；

- 百度、Google 小蜜蜂相关收录量都有一定幅度的提升，搜索"小蜜蜂试用"、"burtsbees 试用"等关键词，前 3 页 50%以上的内容为唯伊网用户创造的口碑评论。

- 活动预计直接传播受众 60 万，人际传播（SNS）受众 400 万。

此时小蜜蜂的口碑传播已经影响到很多的潜在消费者，很多人咨询到哪里购买，还有很多用户反映能不能做团购活动。从这一点可以看出，常规性的品牌营销并不能让消费者产生足够的购买兴趣，但消费者的口碑却对潜在消费者的决策有着重大的影响。

四、促进销售

小蜜蜂这个案例主要做了两件事情，一件事情是在传播事件的本身也附带宣传了小蜜蜂的购买网站，网站在活动期间，前来咨询和购买的人数较以往有所增多。

随着品牌传播的深入，对消费者的影响也越来越大，促使购买的人也逐渐增加，口碑效应从试用者转移至初次购买者，又由初次购买者的口碑转移至更多潜在消费者，购买人群变大，重复购买频率增加。如果口碑活动周期持续的传播，那对于销售而言也会逐步推进，消费群体的积累也会越来越大。

活动执行过程中的思考：

1. 口碑源头的建立和积累

很多口碑营销注重短期效果，长远来看，没有推力的情况下难以持续，口碑没能有效积累转化为传播力量，而变成碎片，力量逐步减弱。小蜜蜂的案例，所建立的品牌Club，聚集了小蜜蜂忠实的消费者，最初是体验试用者贡献口碑，逐步是购买过的人贡献口碑，这些口碑话题在逐渐积累，产生更多的交流和讨论，同时更多的口碑被转载、分享到其他女性媒体，影响搜索引擎，变为持续传播的力量。

2. 活动的频率与连贯度

因为整个方案在流程设计上都体现了极强的目的性，在营销组合方面也较为恰当，在适合的频率和周期（长期与短期结合）下实现了品牌与消费者互动，当众多体验者分享口碑的同时，积极激发消费者的购物欲望与需求，结合相应的导购策略，一定程度捕捉了活动期间的购物需求。而在隔年之后的团购活动，又再一次捕捉了口碑影响下的消费群体。

3. 口碑营销的持续性

从小蜜蜂案例中，我们也得到了很重要的启示，密集性的口碑活动会对品牌传播及产品销售有重大的影响。年前以周为单位，连续做了四期体验活动，各项数据都要比其他客户操作的案例效果好。所以我们建议品牌长期性建立口碑传播的源头，周期性推动口碑营销，周期间隔辅助互动类营销活动，以达到良好的曝光频率，深度互动，广度传播。

让消费者成为你商业模式的一部分

Facebook 被风险投资机构助推，估值近千亿美金，许多人问为什么它能值这么多钱？如果算账来看，Facebook 的固定资产（服务器，房子，桌子，专利）最多值 100 亿美金，那么资产溢价来自哪里？毋庸置疑是平台上的用户，也就是说 Facebook 将平台的 7 亿用户一起卖给了投资人。

只有将消费者拉入你的商业模式，才是一个优秀的商业模式。社会化媒体时代消费者不仅可以发出声音，还可以奉献他们的力量，帮助企业开发新产品，推销产品，甚至充当客户服务的角色。

丹麦的乐高积木是个典型的案例：他们的目标客户不仅仅是儿童，更多的是成年人。他们活跃在社会化媒体平台上，讲述他们和乐高的故事。LEGO Creator 网站鼓励消费者提交自己设计的模型，乐高从这些设计中挑选出优秀的设计作为积木套装的备选方案，然后让消费者投票选出最好的方案，而获奖者能从销量中分享到 5% 的利润。沿着这个思路下去，乐高根本不知道下一代的套装产品是什么样的，一切由乐高的用户说了算，将支配权交给了消费者。这样不仅节约设计成本，设计产品受不受市场欢迎的风险，而且从本质上调动了消费者的创造力，让他们奉献力量。从心理学上讲，当消费者参与到创造中，奉献了力量，他们就会卖力去推销这套产品，因为这个产品有他们的一份努力，他们要让这个产品流行，不然丢面子。

案例二：戴尔构建品牌社区的努力

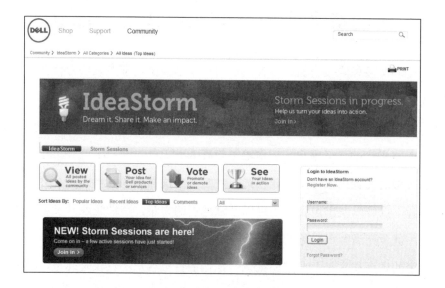

戴尔之前是通过隔三差五地将资料投递给消费者，抓住消费者有购买电脑的时时刻刻。现在戴尔已经改变了思路将顾客为中心的商业模式不仅仅局限在购买的流程上，而是发扬广大。例如戴尔的头脑风暴（Ideastorm）社区，消费者在这个地方给戴尔出点子来帮助完善整个商业模式，社区里面已经有 8000 多个点子，50 多万条回复。如果你需要技术支持的话，戴尔的技术支持论坛上有 100 多万个相关的帖子和成千上万的用户在线上进行交流。

例如用户问：安装系统出现错误 302，如何是好？这个时候在线的用户会帮助其来回答，或者用户通过检索论坛之前的帖子来获得。每一次解决用户的回复，算笔账来说就为戴尔省去 10 美金左右的客户服务费。这样下来一年有 30 000 个问题得到解决，无形中节省 300 000 万美金，相当于获得利润 300 000 美金。这种商业模式的发动机是一直在转动，企业只需花费很少的维护成本，这是一个很棒的买卖。

社区中什么样的人都会出现，他们不在意我们的客户服务人员工作时间短。例如在戴尔的网上社区中有一个"傻大个"名叫杰夫，从他注册论坛以来，在线时间超过 473 000 分钟，发表帖子近 2 万次，这些帖子被浏览次数超过 200 万。试问戴尔的一个客户服务人员的工作量是怎么样的？这么可爱的用户，你准备发多少钱给他？答案是 0 元即可。

我们将消费者拉入商业模式，形成的是一种合力，能量学，将网民无聊的认知盈余加以利用。其中我们需要把脉推动整个风潮的动力，了解社群，了解刺激机制。对杰夫这样的死硬分子他们更看重的是精神奖励，包括利他主义的感受，自我肯定，社会归属感。如何将这些人调动起来，构建一个欣欣向荣的网上社区是一个高段位的营销。

用户浏览行为透露玄机

开机上网第一个打开的是哪个网站或服务？其中默认设置为首页的另外考虑。笔者第一件事情是打开邮箱，看看是否有新的邮件，根据邮件的重要性确定是否立刻回复。那么，你的网站浏览行为是怎样的呢？

一、潜在的秘密，将影响信息传播的布点

随着社交网络的兴起和广泛应用，从搜索引擎入口占主导的模式，逐渐走向

搜索引擎入口和社会化媒体入口整合的信息入口。社交网络在互联网入口中将扮演越来越重要的角色。网民如果将社交媒体设为第一个打开的站点，那么一天中重要的新闻或信息往往会从朋友的共享或群组的讨论中获得。我们在设置信息传播渠道的时候就需要考虑到这一点。

二、国外研究报告分享

国外著名的咨询公司 ExactTarget 发布的有关网民浏览先后行为的报告显示：

- 超过 50%的美国网民，每天上网的第一件事情是打开邮箱，而不是访问新闻网页。
- 20%的受访者是访问搜索引擎或其他入口。
- 把社交网站 Facebook 作为第一个访问站点的人数占到 11%。
- 每天登录 Facebook 的用户中，69%会在过程中与企业或品牌接触互动。
- 每天登录 Twitter 的用户中，68%会在过程中与企业或品牌活动接触互动。

超过 43%的网民是某个品牌或企业的粉丝（其中涉及成为微博的粉丝，或者社交媒体官方主页的粉丝），比较集中的平台是社交网络和微博。

但微博并没有位列前三名，其中的原因值得探究：

（1）用户最迫切的需求（商务、娱乐和学习等）。

（2）微博自身的热度问题，用户比重问题。在中国用户最先浏览的前三名网站或网络服务，微博也是排不上的。从上网人员的文化层次等多方面统计数据来看，第一位很可能是搜索引擎或导航网站，而微博在整体网民中的渗透率不高，其中社交媒体的比重在年轻人中应该会高些，占整个网民的比重有待商榷。

下面是不同年龄层次的访问次序比重图。

注：数据来源 Exactarget，从不同的年龄层次结构来分析网民的行为。三种颜色分别代表了邮件订阅数、Facebook 粉丝数、Twitter 的粉丝数分布情况。

从上图可以看到，邮件占有绝对领导地位，年龄层次不同，每天首次访问网站的比重也有较大变化。其中年龄越大的用户，邮件作为首次打开的比重越高。社交媒体在各个年龄层次也有不俗表现，其中 18~24 岁、25~34 岁这个年龄段中 Facebook 的比重高于平均水平。同时看到 18~44 岁的层次中，微博、Twitter 也深受欢迎。

三、应对策略

1. 将邮件作为第一个目标站点者的特性

通过观察，我们发现将邮件作为第一个目标站点的用户具备目标性强、直接以任务为导向的特点，这类用户希望直接获得企业的促销信息、新产品的推荐信息和品牌活动等，往往是具备消费能力的商务人士。

解决方案：选择发送邮件的时间点应该在这些人打开电脑之前，不宜过早发送。一般来说用户夜里会收取多份邮件，邮件将按时间顺序排列。邮件的主题要简洁明了，将卖点亮出来，在邮件的正文和设计中将购买点击按钮进行相关的优化，最好让用户直接点击购买。

2. 将社交媒体作为第一个目标站点者的特性

我们发现将社交媒体作为第一个目标站点的用户喜欢分享消息，喜欢娱乐，更倾向于成为品牌的粉丝；这些用户需要品牌进行潜移默化的感染、互动、交流。他们是口碑传播、病毒传播的优秀载体、携带者和传播者。

解决方案：针对这些用户，企业需要在早晨前策划好相关的活动，也可以是促销活动，如"满100送100"，"限时5折抢购"等优惠折扣活动。通过社交媒体的红人来提前转发，或者推送，等这些用户打开电脑，企业将直接抓住他们的心，他们将会通过分享等多种渠道来告诉朋友，最终引发病毒传播。

企业如何利用新媒体来进行品牌营销和事件传播？目前还有许多方面需要我们去关注。我们要充分了解企业用户是如何获取信息的，他们使用新媒体的行为是怎样的，是如何传播信息的？用户行为的秘密就藏匿在数据和分析之后。

微思考：

　　根据企业自身情况分析，请规划你的企业营销传播入口是哪些接触点（邮件、微博、新闻，还是其他？）。它们的先后顺序是怎么样的？如何针对用户群体的浏览行为去做营销传播？

社会化媒体时代在线购买决策

市场推广的目的是在消费者的接触点（touch point），购买的时刻能够影响到消费者，影响消费者的决策。

前 20 年市场广告的玩法是按照这个路径开展的：从曝光、广告覆盖开始，到重复的广告，让消费者熟悉，诱发消费者认知，进入消费者考虑列表。这个阶段做的好的广告一般有高的知名度，很少将市场销售与营销推广挂钩。对消费者的购买决策影响也是广覆盖，很难做到精细化的管理。

消费者的购买决策行为的变化

我们发现随着社会化媒体的流行，消费者的购买决策行为也在发生变化，不再是简单的线型模式，而是一个立体的环型模式。

1. 首先消费者获得产品信息的入口变得更加多元和碎片化，之前可能是广告的覆盖曝光是企业信息传播的最主要的手段。现在消费者的媒体消费行为变化需要企业跟随用户一起玩。

2. 消费者的购物信息行为已发生变化，笔者经常讲的一句话是：科技本身不可怕，可怕的是消费者行为的改变。传统的市场推广玩法中产品信息研究的过程相对来说比较简单，消费者能够获得的对比信息非常少，无法获得比较系统的产品研究。

现在不一样，消费者在进行购买决策时，拥有充分的信息权利。企业如果还想通过信息的不对称来糊弄客户，越发变得困难。记住一句话，现在是个信息透明时代，消费者的购买决策也变得复杂。

3. 消费者在进行购买决策的过程中，常常出现的情况是本来打算购买一个产品，但在研究产品功能和参数时，会被信息牵拉跳出购买决策链，进入另一个环形，能不能回到之前的购买决策链需要多种因素的博弈。例如你在购买笔记本电脑时，发现产品的描述部分中有一个不熟悉的新指标、新配件，在兴趣驱动下，你可能会研究下这个部分，这样会回到搜索引擎（百度、谷歌），垂直的社区论坛（中关村在线），QQ群讨论。

微思考：

如果消费者都采用购买决策、信息搜索、产品研究这样的过程，那么企业在社会化媒体营销中需要做些什么呢？

思考的点：

1. 如何进入消费者研究队列中去；

2. 从竞争的角度，如何批量化地将竞争对手的消费者导入？拥有哪些入口？

3. 消费者购买决策发生地在那？购买决策中最关心的问题有哪3个点？

社会化媒体在消费者的购买决策中已成为一个重要的构成部分，它可以触摸到消费者在消费购买过程中的任何一个阶段。从发现产品、对其产生兴趣、做购买决策、购买后的口碑反馈，他们购买的过程就是社会化媒体影响的结果，最终他们购买完成后又会变成影响他人购买的影响者。

社会化媒体可以影响消费者在购买行为中的每个过程，这是毋庸置疑的。但是企业在应用的过程中并不一定要每个过程都发力。依据公司和行业的不同，有些接触点是更具有竞争优势和影响力的，那么我们应该集中优势，做好关键节点。

之前笔者为企业客户操作的社会化媒体营销策略案例：

企业A，在行业内处于领导地位，产品也具有知名度，那么使用社会化媒体营销来影响消费决策，重点发力在购买后的用户自发的口碑、产品的美誉度等方面，以激发新的购买者。

企业B，在行业内不知名，产品也没有知名度，那么通过社会化媒体来影响消费者的购买决策，你需要思考的是：如何挖墙角，从消费者的信息搜索及认知过程中拦截批量的消费者。我们当时从消费者关注明星产品的几个维度下手，去截获一批以这个维度入口的消费者，然后将企业的产品功能及品牌进行营销传播，获得了很好的效果。营销投入产出比也更加精准。

下图是麦肯锡的报告中建议的企业在消费者购买决策过程中，针对不同的情况采取不同的行动。

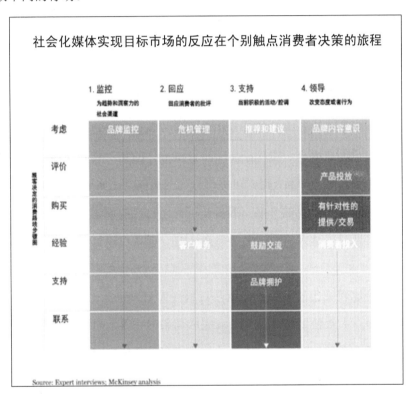

社会化媒体天生的特性，即社区性、交流性让其在消费者的购买决策中发挥越来越重要的作用。在实际的工作中需要从一个一个消费者的接触点，跳出来到批量的消费者接触点行为下手。社会化媒体在消费决策中的应用，不可忘却的是社会化媒体的本质社区、社群，企业要做的是为社区奉献价值、为消费者的购买决策提供价值，千万不要忽悠消费者，网民的智慧是厉害的，千万别搬石头砸自己的脚。

社会化媒体与购买决策，在术的方面努力可以做到极致，但前提是这个道你不可歪，不可邪。这是个双刃剑，笔者不愿意看到企业驾驭了社会化媒体营销的术来做坏事。

社会化媒体的 3 个本质问题

一、共同创造，用户创造内容

企业要以市场需求为导向，市场要以用户体验为标准。那么在 Web 2.0 环境下如何调动用户参与到新产品的开发和企业服务等企业运营中呢？

可以说用户创造内容（User generated content，UGC）模式让用户更多地参与到企业经营中来。对于产品，用户可提供自己的思路，比如星巴克的 My Starbuck Idea 平台，用户对星巴克的产品、服务都可提出自己的思考。这时作为企业，只需要调动这些愿意表达人的积极性，那么 UGC 模式可以提供许多有益的思路和顾客反馈。

另外一个比较突出的案例是，维基百科（Wikipedia）、百度百科和百度贴吧等众多平台中，大众协助，共同创造，完成词条的完善，自发地帮助社区用户，这也是印证了"众包"的概念。成功的社会化媒体营销内容应该交给用户，企业仅充当保驾护航者，而不是像现在的中国企业找网络公关公司去发软文、灌水。以笔者的观察，目前这种现象还非常严重。

二、用对话方式参与营销

传统的营销、广告推广是脑白金式的轰炸，是信息的灌输。我们发现许多超市里面促销员太热情，顾客会感觉很不舒服，往往碍于情面会购买一些。但这种歇斯底里式的推销，也会吓跑顾客。更何况在互联网环境下，网民逃离相当方便。

我们需要和网民对话，可以说 Web 2.0 下的"营销即对话"，尤其是社会化媒体营销让企业和用户的交流更加便利，只要企业有诚意，就可以找到多个对话层面的接触点（touch points），如博客、微博、BBS 和社交网络等。

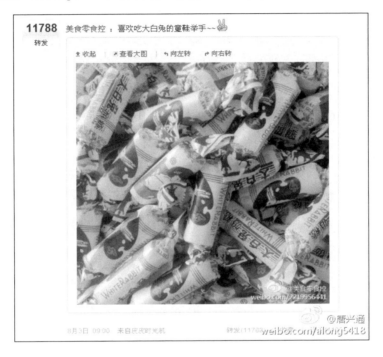

用对话方式参与营销，其优点是更加亲民化，企业和用户有情感层面的交流，用户可更加容易地找到反馈的渠道。基于情感的纽带，加上朋友圈的口碑传播，可能形成病毒传播，成功塑造积极、良好的虚拟品牌形象。

对话的方式虽然可以采用一对多或多对多，但是从微观层面来看企业还是需要耗费大量的人力资本：和时间成本，这是一个无法避免的商业模型悖论。企业和网民进行对话，而不是用喇叭喊话，需要下点功夫。不过目前我们可以平衡商业利益和投入成本，一方面要注意照顾到用户的体验，另一方面不给企业增加太多的时间和人力的投入。

三、开放，透明，创新

社会化媒体倡导的对话交流、透明和开放，是企业在对外会议上讲的套话，企业都有一种共同的担心：我将论坛、社交媒体平台交给用户，他们要是说我的坏话该怎么办呢？如何去掉这些反对意见？笔者在长期咨询过程中发现这种现象非常普遍，企业还没开始搞网络公关、社会化媒体营销，就首先询问：这样做给我们带来负面的批评时如何处理？从这一点，也可以看出企业的不自信。

企业对自己的用户口碑、意见反馈一直都希望最好是没人给自己提意见，或者提意见最好给企业写信，而不是到互联网上到处发帖。可以说这是企业的痴心妄想，Web 2.0 下用户都是自媒体，言论是他们的自由，他们可以评论和发表相关的内容。

笔者一直认为企业迟早要面向网民，遮盖、躲避这些都是暂时的。企业经营者确实需要一种胸怀和战略：打造开放的、透明创新的商业模型，比如通过开放源代码，Linux 得到网民的共同协助，促进了其快速升级，如果仅仅依赖一个公司，那么 Linux 就不会这么可靠和流行。最近 SAP、英特尔、微软和谷歌等多家企业都在着力加强其在中国的技术社区论坛的维护和管理。企业直接和网民对话，给用户提供产品的源程序，以期待用户的再次开发和应用，期待中国有更多的企业勇敢地敞开胸怀，参与对话。

不可忘却的 4 个秘密武器

开展社会化媒体营销活动的核心问题是：如何有效激发、触发用户参与到营销活动中来，如何更大范围地传播？笔者总结了以下 4 种策略供大家参考。

一、免费模式，送礼品

互联网的盈利模式中最受用户推崇的是免费模式，人们喜欢免费的东西和促销活动。这种策略早已被品牌广告主使用过多次，通过这样的活动来获取消费者的参与，试销新产品，获得用户反馈，收集市场的样本。

提示： 大家的兴趣被调动起来时，需要把握好活动的推广范围，礼品的数量。否则有可能无法控制用户情绪，甚至带来许多负面的口碑传播。

但是在社交媒体环境中利用免费派送、促销活动的病毒传播，更加放大了传播的影响力，活动的影响力已经超出那些收到礼品的人。比如麦当劳通过 IM 开展的免费获赠 200 万杯饮料的病毒传播活动，用户积极参与，获得了良好的用户体验。立顿绿茶的免费派送活动，只要你在立顿的活动官方网站填写你想送茶的朋友姓名、地址、电话，立顿将会在上班期间免费送达。这样的促销活动已迅速蔓延到微博。比如星巴克、汉堡王这两家公司，利用其微博官方账户发出一些促销、优惠活动，用户疯狂转发活动的留言，最终主办方不得不增加活动的优惠量，延长活动时间。

二、抓住意见领袖

网络无权威，但是有意见领袖。各个细分的区域都有用户自己的意见领袖，比如 3C、互联网、美食和旅游等领域。品牌如果想更快、更有效地推广产品，能不能成功地圈定重要的意见领袖，并引导意见领袖去讨论、传播产品是至关重要的一环。通过这些意见领袖、社交媒体圈中有影响力的群体进行传播将更加有效及时地引起互联网用户的共鸣，对产品的声誉建设有极大的好处。

美国福特嘉年华的推出案例： 为推出新车"嘉年华"，福特没有试图去通过广告、软文轰炸来宣传嘉年华的创新点，而是直接将发言权交给了用户。福特发起了一项全国竞赛，最终确定 100 位司机将获得试驾新车 6 个月的机会。参与者被要求参加每月的活动、任务竞赛、在 FiestaMovement.com 上分享他们的博客和驾驶反馈，这个活动让用户真正体验到互动并构建起稳固社区的情感。

三、优秀的内容

在互联网上保护知识产权难度很大。由于原创的内容不多，大量复制充斥着互联网，"内容为王"显得尤其可贵，为此诞生了"内容营销（Content Marketing）"这一细分领域。在社交媒体环境下，营销人员必须做出真正优秀的内容，与消费者产生共鸣，令消费者感到震撼，或会心一笑。

社交媒体中用户自发的传播，是基于用户喜欢你的内容，如优秀的视频、图片，用户愿意转帖来和好朋友分享他们的感受，而粗制滥造的内容营销，是没有人愿意去分享的。

比如在开心网等网站中的转帖、发起投票等组件是企业进行社会化媒体营销绝佳的传播工具。最近视频营销在国内炒得很热，许多企业积极抢占优酷、土豆等视频播放平台。其中我们看到类似百度度娘视频在开心网等社区中被广泛传播，最终引起相关线下媒体的关注。

台湾的女性购物网站PayEasy，其2009年的视频短片"自己认为最好才是最好"的视频感动了许多浏览者，网友自发地将其转帖到开心网、校内网上去。笔者也曾经加入到该病毒的传播队列。（故事讲述的是生活在城市中的白领丽人，对爱情、金钱的认识，她追求自己的幸福，少了几分俗气。我们看到，紧扣女性电子商务生活其实也是一种潮流，PayEasy）。

《自己认为最好才是最好》的微视频截图

浏览者见识过各种各样的营销活动，他们期待更好的创意，更好的内容，这对营销人员提出了更高的要求。如果你能用心地去做优秀的内容，必将会得到大众的认可。

四、拨动内心的琴弦

真正想调动用户参与社交媒体活动的传播，就需要把握住用户的情感密码器以及与其沟通的方式，只有深层次地走进用户的内心，创造有吸引力的内容，与用户建立共鸣的情感链条，才能最终塑造品牌的影响力。

例如传播比较广泛的追忆 80 后有关儿童时代的回忆：阿童木、纸牌和校园民歌。究其原因是现在互联网中主流用户是 80 后一代，这一系列的视频、图片，能拨动大家内心的琴弦，仿佛回到自己的童年。其实"贾君鹏你妈妈喊你回家吃饭"这个案例让许多人回忆起小时候在外面玩耍，爸妈喊回家吃饭、回家做作业等一幕幕场景。

情感是不会说谎的。品牌在社交媒体中拨动了用户内心的琴弦，何愁用户不参与到活动中去？何愁没有良好的用户体验？

如何制定社会化媒体营销策略

在与企业交流的过程中，发现企业对社会化媒体营销存在一些认识上的偏差，其中最大的问题是有关企业开展社会化媒体营销策略的问题。如果策略存在偏差，何谈社会化媒体营销活动的成功呢？为此在开展社会化媒体营销活动之前，需要首先探讨企业开展社会化媒体营销的策略问题。以下是社会化媒体营销战略的思考路径：

1. 社会化媒体营销活动的目标是什么

企业需要明确说明是要达到关注品牌曝光度、品牌认知度，还是直接通过促销拉动销售业绩等活动目标。这是在活动前必须明确的，否则名不正则言不顺，没有清晰的目标，活动评估也将很难进行。

2. 为什么是社会化媒体

不是说现在流行社会化媒体，企业就都来凑热闹。应该问自己：我们的客户在不在社会化媒体里面？社会化媒体营销能不能深入地和客户进行交流，建立长期的关系？花在社会化媒体营销中的预算是不是最合适的，相对于其他广告，投入产出比如何？

3. 选择哪些社会化媒体营销平台

我们是使用所有主流的社会化媒体营销平台，还是仅选择其中部分呢？选择标准是什么？如何整合各个社会化媒体营销平台的特性，实现完美的活动对接，是我们需要考虑的。

4. 是否考虑在互联网放开一些控制权限

社会化媒体营销活动为了获得更好的用户体验和客户交流，在活动过程中可能会出现一些意想不到的问题，企业愿意尝试吗？愿意给客户的口碑和留言一些空间吗？星巴克咖啡就出现过一次在社会化媒体营销活动中没有很好地把控用户交流话题的发展，最终造成失败的传播案例。

5. 社会化媒体营销活动预算和时间点问题

社会化媒体营销的活动预算如何安排，在年度营销计划中处于怎样的地位，是否可以超过之前的活动预算呢？是否可以根据开展的情况适当延长活动时间？社会化媒体营销需要整合到我们的整个营销战略中去，如何更好地处理好和其他营销活动的关系？

6. 评估社会化媒体营销活动的指标有哪些

虽然目前社会化媒体营销还是一个很新的领域，但是在商务中我们必须要对其进行相关的评估，以期建立合理的科学评估体系。

7. 是否敢尝试放手品牌控制或者对一些区域放权

社会化媒体营销活动其实需要企业接受放权，参与到客户交流中去。也许你不能把控客户交流的方向和节奏，会出现一些意想不到的问题，你还愿意尝试吗？在社会化媒体营销领域的楷模星巴克，曾经在一次社会化媒体营销活动中出现无法把控用户言论的情况，最终导致了一场无法预知的负面信息传播案例。

8. 有人负责管理社会化媒体营销活动吗

社会化媒体营销并不是一种十全十美的营销手段，需要投入大量的精力。它不需要很高水平的人来操作，只需要一些回帖、回复客户微博中提及的有关公司的问题、给用户发感谢邮件等。根据活动的推广幅度，需要的人手也有所不同，一般需要 2~4 个人来操作，其中需要一个对社会化媒体营销有充分把握的人来指导方向，其余人员仅需要执行就可以了。

如何开展社会化媒体营销活动

在制定好社会化媒体营销策略之后，接下来企业就可以切实按照制定的社会化媒体营销策略，来开展社会化媒体营销活动。为使活动进展顺利，还需要弄明白以下几个问题：

- 营销活动的目标客户是谁？
- 这次社会化媒体营销的目标是什么？
- 营销策略是什么？

- 选择什么样的社会化媒体营销平台？

- 如何评价活动的效果？

下图是开展社会化媒体营销的路线图。

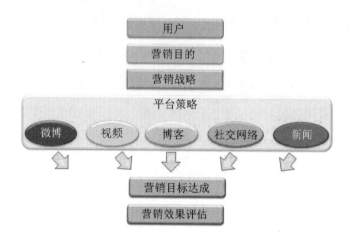

根据社会化媒体平台的属性和信息传播的原理，在选择社会化媒体平台时，需要考虑的指标涉及社交媒体覆盖度、黏着度、用户活跃度等。正如网络整合营销传播执行过程一样，企业需要依据消费者的触点来布置相关的传播内容。附图是某别墅项目在线营销传播的选择。

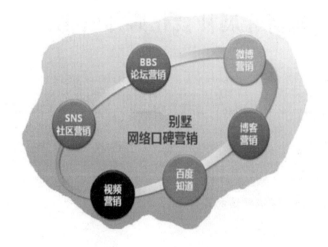

　　社会化媒体的覆盖度是我们进行品牌营销时必须了解的。针对不同的营销目标，可以有针对性地选择平台。其中的指标有独立访问的人数、访问人次、浏览页面等。其实社交媒体的黏着度对营销的影响更有意义，之前的覆盖度仅是宏观层面的数据，要想做成功的营销推广，就需要理解用户的浏览行为、回访周期、平均停留时间、在平台上参与投票的活跃度、代金券下载、话题参与互动的概率等。参见下表。

衡量面向	具体指标
社交媒体覆盖度与成效	独立访客人数（Unique Visitors）
	访问人次（Visits<specific to UGC/Social Media>）
	浏览页面数（Page Views）
	单一访客成本（Cost per unique visitor）
社交媒体黏着度与成效	回访人次（Return Visits）
	访客停留时间
	用户与广告/应用的互动率（Interaction Rate）
	加入群组（Number of Group Members or Fans）
	投票/参与问卷调查（Poll votes）
	用户活动参与量与活动参与成本（Relevant action taken and cost per relevant action）
	竞赛/抽奖/玩游戏（Contest/Sweeps Entries）
	代金券下载（Coupons ownloaded）
	浏览/引用/嵌入图片或视频（Videos viewed, Uploads）
	发送信息（Messages sent）
	邀请好友（Invite sent）
	发布新闻/发表意见/发起话题（Newsfeed items posted）

案例三：某软件产品社会化媒体营销策划

目标用户： 市场副总裁和高级市场经理

推广目的： 最佳 X 软件产品品牌认知和口碑推荐传播

推广策略： 通过讲故事的方式在博客、微博、视频上讲述新产品的益处，通过机制刺激用户生产内容（UGC）。

平台及工具： 社交网络、博客、微博、视频分享站点

活动评估： 粉丝数、好友数、内容订阅数、小组参与人数、评论数、产品提及次数

案例四：电影《非诚勿扰2》的营销推广

《非诚勿扰 2》的故事顺延着《非诚勿扰》的脉络进行：从北海道回来后，在秦奋全然做好与笑笑白头到老的准备之时，笑笑对秦奋的感情却仅仅止步于好感。在秦奋好友李香山和芒果离婚典礼的启发下，秦奋与笑笑决定试婚。

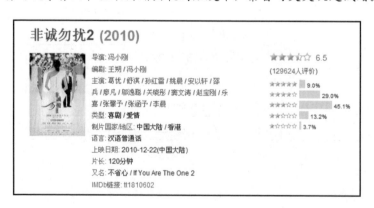

社会化媒体不但是全球网民的交流平台，更成为电影营销传播、交流的好平台。我们一起来剖析《非诚勿扰 2》的社会化媒体营销案例，分析其传播路径、影响指数、操作中的技巧和不足。

1. 内容和台词携手引爆病毒传播

笔者一直认为，优秀的内容是营销的根本。电影《非诚勿扰 2》走的是幽默风格的路线。婚姻、爱情、人生体验纠结在一起，是选择理想的生活，还是选择活在现实中呢？优秀的内容会触发病毒营销，无需电影发行者的参与只需通过用户的口碑宣传网络，就会像病毒一样传播和扩散，利用快速复制的方式传向数以千计、数以百万计的受众。"让大家告诉大家"，通过别人为你宣传，实现"营销杠杆"作用。

电影在传播中很有学问。如何把控宣传点很关键，是情节导向，还是明星效应，还是事件炒作？我们看到冯小刚另辟蹊径，将生活的幽默切割成多个精彩的台词，以引爆流行。例如之前的《天下无贼》就通过"二十一世纪什么最贵？人才！""有组织，无纪律"等经典台词直接诱发观众的观看热情。在《非诚勿扰 2》中依然可见类似策略，经典台词："幸福不一定在一起，倒霉一定在一起"，"你的就是我的，我的还是我的"，"一辈子很短，我愿意和你将错就错"，"活着就是一种修行"，其中以"活着就是一种修行"这句最广为流传，伴随电影的推广进程一举成为流行词。其中被谷歌收录的就有 160 万条，可见其产生的的影响力。

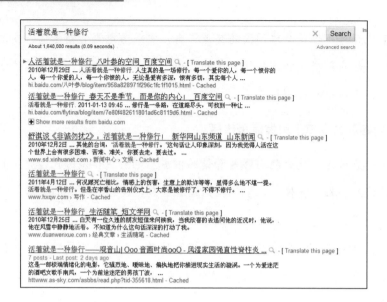

　　电影的社会化媒体推广需要借助微博平台，我们可以从中看到用户在《非诚勿扰 2》传播中讨论的轨迹、思考和参与。在这种成功的电影推广活动中，需要时刻了解网民在说什么，要关注网民的口碑，还要在适当的时候作引导。下面是部分截图：

木秀于林vb：今年元旦三部大片陈凯歌的《赵氏孤儿》、冯小刚的《非常勿扰2》以及姜文的《让子弹飞》，都是葛优担任男主角，真厉害！葛优把程婴的谨小慎微、秦奋的调侃油滑、师爷的奸诈都演得非常到位。葛优——大陆男演员第一号！

1月12日 21:00　来自新浪微博　　　　　　　　　转发　｜　收藏　｜　评论

香蕉_桔子：看了非常勿扰2，觉得没有别人说的那么难看啊，笑点很多，画面很美，台词也有几分道理。只是结尾的还要再表，让我有点唏嘘，呵呵

1月12日 00:11　来自新浪微博　　　　　　　　　转发　｜　收藏　｜　评论(3)

汉唐太傅：冯小刚的《非诚勿扰2》虽然挺好看，但确实不如《非常勿扰1》，和《让子弹飞》就更没法比了。这是本人的个人观点。挺姜文，挺《让子弹飞》！！！

1月13日 08:55　来自新浪微博　　　　　　　　　转发　｜　收藏　｜　评论

微博营销的不足之处：这个电影推广活动中并没有注册《非诚勿扰 2》的官方微博，从微博的对话来看，市场人员也没有参与到用户的对话、互动中来。许多粉丝在微博上讨论电影台词、情节，这个时候需要电影的相关人员适时地参与对话，也许会收到更好的效果。

2. 片花视频分享，吊着观众胃口

社会化媒体时代，电影的推广需要通过多渠道平台，如视频分享网站、社交网络和论坛等。其中以视频分享最为直接，网民可以直接观看相关的视频，留下深刻印象。一部电影能不能借助现有的视频站点来做传播，将在很大程度上决定其票房收入。《非诚勿扰 2》预告片、片花等组成其实是一个"鱼饵"，当网民认可相关视频，即做分享传播，那么电影在互联网上的传播轨迹不是之前的广而告之模式，而是一个螺旋状、多梯度的传播。我们发现相关视频被播放次数高达 11 608 965 次，用户点评 665 条，还有更多的分享和转发。可以计算一笔账，用户自传播助力了《非诚勿扰 2》的商业价值。

影片简介

非诚勿扰 2 (If You Are The One 2)
2010-12-22 上映 大陆 喜剧 爱情 ★★★☆☆ 6.2
导演: 冯小刚
演员: 葛优 舒淇 姚晨 孙红雷 安以轩 邵兵
在秦奋（葛优 饰）全然做好与笑笑（舒淇 饰）白头到老的准备之时，笑笑对秦奋的感情却仅仅止步于好感。
在秦奋好友李香山（孙红雷 饰）和芒果（姚晨 饰）离婚典礼的启发下，秦奋与... 显示详情
时长:1:58:00 | 片段:12 | 播放:11,608,965 | 顶踩:10,777/2,293 | 评论:665 | 收藏:326

借鉴《非诚勿扰 2》被检索次数的变化，可以从时间的长轴上来看网民对电影的关注度变化趋势。

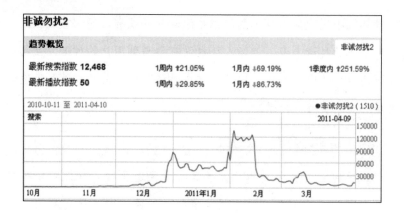

笔者观察到，社区的传播对电影的影响力也很大，尤其是电影等娱乐论坛，其中有趣的点评，可深度影响社区的网民。另外，电影在推广的过程中需要关注新浪、搜狐、天涯等大论坛，也要观察豆瓣等垂直门户，口碑经常源自这些平台。

活动评论：以网民为中心的网络结构和水波一样的多轮互动模式，让电影营销传播途径和效果更难以控制，成败都会被放大。社会化媒体改变了互联网和媒体的传播方式，电影的营销推广方式也要顺应时势。

第 *4* 章
引爆社会化媒体营销

- ■ 完善社会化媒体平台
- ■ 中小企业如何开展社会化媒体营销
- ■ 社会化媒体优化（SMO）策略
- ■ 案例一：强生公司的 BabyCenter 社区
- ■ 如何使用社会化媒体开展促销活动
- ■ 案例二：Lady Gaga 新专辑的促销
- ■ 5 个社会化媒体营销认识误区
- ■ 点评 4 个有趣的营销案例
- ■ 社会化媒体营销的 13 个问题
- ■ 社会化媒体营销全案：奥兰多海洋世界

本章将以一个网站为范例，结合社会化媒体营销的知识和框架，介绍开
展社会化媒体营销活动的方法与案例。

完善社会化媒体平台

所谓完善社会化媒体平台，就是充实企业在社会化媒体领域的一些资料、内
容、官方账号等。其核心思想是抢占搜索引擎，和用户进行交流，形成良好的社
会化媒体营销活动基础。

首先我们要将网站在各个社会化媒体平台上注册。如果潜在客户有英语语
言国家用户，还需要注册以下一些通用的社会化媒体平台官方账号，如 Twitter、
Facebook、Flickr、YouTube、Craigslist、LinkedIn、Delicious、Digg、Stumbleupon
等。国内社会化媒体平台的官方账号需要注册开心网、人人网、豆瓣网、优酷
网、百度知道、百度贴吧、如邻网、新浪微博客、饭否、天涯社区、用户讨论
组等平台。

官方账号注册时各个网站会要求提供相关手续，可按照各站点的要求提供。常规的官方账号注册需要提供企业营业执照、法人代表身份证等。

接下来，就需要充分完善企业在这些站点的内容，其中涉及到企业的营业内容、产品、联系方式、照片等。可以在某些合适的社会化媒体营销平台上填写相关资料，结合社会化媒体平台的特性，加点幽默等人性化的设置、语录，彰显品牌的个性。但一定要结合注册的社会化媒体平台的特性。

然后，就需要到百度百科里看一下有没有公司或企业产品、服务的百科词条。如果有，看内容是否完善，可根据实际情况进行调整、编辑；如果没有，则必须按照百度百科的编辑规范书写公司的百科。同样，你还需要到维基百科中去检索公司、产品、服务的百科词条，根据维基百科的规范书写英文、中文的百科介绍。下图是蒙牛乳业在百度百科中的词条，我们可以看到它的浏览次数已达到204 581多次，在社会化媒体环境下无形中推广了企业，进行了品牌展示。基于企业的实际情况，我们需要完善网站词条等内容。

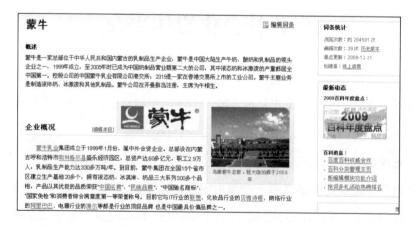

个人也可以在百度百科上添加百科词条，这对于Web 2.0环境下塑造个人品牌也很有帮助，可以让你的朋友找到你。企业也可以注册企业领军人物的百度百科词条，从侧面推广企业，和用户进行交流。另外，如果词条被百度百科、维基百科吸收为词条，那么这条词条的关键词在百度的检索中的数值将很高，通过搜索引擎优化，使之在搜索引擎的排列靠前，可增加网页浏览量。

通过照片上传后可命名公司名、产品名、类别名、公司行业照片等。这样用户在检索相关产品或行业图片时，容易找到企业相关信息。

企业博客也需要高度重视，博客谁来负责？博客写什么？博客发布的频率如何？博客平台选择？笔者推崇的一个案例是：万豪酒店的企业博客，在万豪官网上，其 CEO，Bill Marriott 就像拉家常一样给你讲述有关万豪的故事及运营。你在不知不觉中会认可这个老者，也会换个角度来看万豪，无形中获得给力的营销传播。下图是其博客的内容解析。

文章标题	文章主题	文章内容	文章目的
Celebrating Our Two Newest JW Marriott Hotels	酒店动态	介绍企业新动态，具体介绍了两个新开的酒店，并予以描述其特征。	1、宣传企业蓬勃发展 2、推广新的业务
Congratulating the Fairfield Inn & Suites Small Business Challenge	酒店活动	企业支持一创业活动，为参加参加者提供免费酒店居住，结束后，酒店颁奖。	1、宣传企业活动 2、传播企业文化，建立企业形象
Our Culture Sustains Us Through Challenging Times	酒店事件	地区动乱，万豪酒店不为所惧，坚持以顾客为本，用行动表达这一信念。	1、传播企业文化，建立企业形象。 2、给予顾客安全感
You Can't Lead With Your Feet on the Desk	读书分享	读某一本书，然后联系上酒店，结合自己经历，展开论述。	1、分享事业经验 2、赞美企业员工
One on One with The Connection by SpringHill Suites	访谈摘录	接受访谈，并摘取了几个能展示企业文化和高层管理的问题及回答	1、展示企业文化。
Freshness Is the Key Ingredient at AMP 150	酒店推介	以介绍美食为题，介绍某一以新鲜事物著称的万豪酒店	1、推介酒店 2、体验分享
An Exciting Future for Marriott Vacation Club International	酒店发展	介绍了企业的发展计划，重点提及了两个业务。	1、推介酒店新业务 2、告知顾客企业发展
Encouraging Our Associates to "TakeCare" in 2011	酒店活动	酒店开展了一个关心员工健康的活动，收效很大。	1、宣传企业文化
Marriott Opens Doors to a World of Opportunity	经验分享	分享其管理之道，工作之道。	1、显示个人魅力 2、传播管理知识
Lending a Hand in Haiti	救灾活动	海地地震后，万豪积极为受灾人民和受灾员工，提供物质的帮助。	1、树立负责任社会形象 2、表达对员工关切
Taking a Trip Down Memory Lane	酒店回忆	回忆企业初创建时，发生的一些事，看见的一些美好的东西	1、介绍酒店历史、文化

社会化媒体官方账户的维护和更新原则如下。

（1）需要有专门的人员负责实时更新相关社会化媒体营销平台的内容，比如公司新产品、新推出的服务。

（2）发布的内容必须经过审核，必须是准确可靠的。

（3）注意和用户交流的口气，不用官腔、套话来敷衍用户。

（4）在各个官方账户之间建立联系，让用户很容易找到其他社会化媒体平台的资料。

微思考：

请列出你的企业在社会化媒体平台上账户及专栏（新浪微博、人人网、开心网、优酷、百度百科等）。

企业在社会化媒体平台上的信息如何实现制度化的更新，从而实现其商业价值？

中小企业如何开展社会化媒体营销

笔者认为社会化媒体及社会化媒体营销的发展，影响力是毋庸置疑的，我们不用纠缠在社会化媒体概念上，而应该明白社会化媒体及其营销内核是我们需要的。

社会化媒体营销需要维护客户的忠诚度，和客户进行深度沟通。Web 2.0 环境下，社会化媒体营销不仅仅是品牌企业的专属，而是适合大部分企业、社会公共组织。比如大学可以应用社会化媒体来推广 MBA 招生项目，红十字会等非盈利组织可以通过社会化媒体进行推广等。

一、中小企业的社会化媒体营销策略

中小企业利用社会化媒体的策略，我们看到的更多的是他们务实的一面：直接寻找销售机会，吸引新客户，提升企业的知名度，保持和既有客户的交流。美国的中小企业在社会化媒体中是这样做的：

- 75% 的企业在社会化媒体上拥有官方主页，类似国内的开心网、人人网的企业账户页面。

- 69% 的企业经常更新社会化媒体上的状态、文章。

- 57% 的企业通过 Linkedin 建立商业关系。

- 54% 的企业监测有关生意上的反馈。

- 39% 的企业开设企业博客、企业家博客。

- 26% 的企业通过微博来探讨行业信息。

- 26% 的企业把微博当作客户服务渠道。

二、如何选择社会化媒体营销供应商

选择社会化媒体营销的咨询、服务提供商，应该从哪些角度考核？《Marketing Trends 2010》解读企业在选择社会化媒体服务供应商时主要考虑以下方面：

- 有没有成功案例。

- 朋友或者机构的推荐。

- 钱和服务响应的问题。

- 提供商自身的网站内容和质量（自我营销的重要性）。

- 提供商的博客内容、博客浏览量。

- 社会化媒体认证。

- 微博客上有多少粉丝。

有些问题是我们容易想到的，不过他们竟然将服务提供商的官网、博客以及微博作为重要的影响因素，值得我们反思和借鉴。

我们的网络广告公司、网络公关公司、网络媒体公司、社会化媒体服务商是否考虑过这些因素的积极意义呢？就笔者的观察，大部分企业还需要扎实做好自身的内容营销。

三、社会化媒体内容发布的频次

用户需要资讯，企业需要给用户提供相关的"营养"，不仅仅是企业的促销信息、新产品信息，也可以是行业内的趋势、趣事、调研报告。制作相关内容、保持合理的频次很有必要。不同的社会化媒体平台它们之间的频次关系如何呢？从之前的经验来看，企业官方微博每天平均发 5 条比较合适，太多就会构成信息污染，太少则会使用户失去兴趣；社交媒体官网页面每天有 2 处更新；企业博客每周 3 篇；邮件营销每周 1 次。具体还需要结合企业的营销推广策略来决定。企业在社会化媒体中就好比一个人，既不要做话痨，也不要做沉默的羔羊，应塑造一个适度的、有风度的企业形象。

社会化媒体优化（SMO）策略

社会化媒体优化（Social Media Optimization，SMD），其核心目的是优化企业社会化媒体传播。随着企业集体活跃在社会化媒体平台，平台上到处充满企业的噪音。我们迫切需要优化社会化媒体传播，这不仅仅是一种意识，更需要采取行动，寻觅 SMO 的规律，切实优化内容。维基百科的观点是：社会化媒体优化让社会化媒体的信息、活动更加有条理。这样可以更好地吸引用户，完成商业行为。

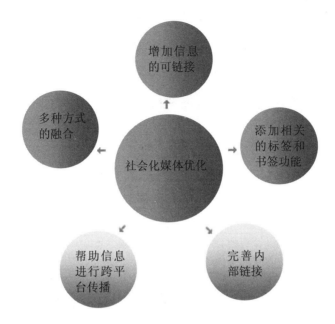

社会化媒体优化的目的是让内容传播得更广泛，影响力更大。国外的朋友也提出多种策略，其中 Danny Sullivan 的《社会化媒体优化五步骤》观点比较成熟，内容涉及增加信息的可靠性、添加相关的标签和书签功能、完善内部链接、帮助信息进行跨平台传播和多种方式的融合。结合笔者的观点，社会化媒体优化策略可以从以下两个方面进行。

（1）优化社会化媒体传播的内容。包括 RSS 源、社会新闻和分享按钮、用户评价和投票工具，将企业的视频、图片在社会化媒体中转发、传播。我们可以：

- 将病毒视频转贴到开心网、人人网、微博上去。

- 给企业博客添加 RSS 功能。

- 给企业的门户、网络内容增加一键分享按钮。

- 借用投票、评价等第三方组件和用户互动，获得更广范围的传播。

- 增加类似 Digg 功能、"顶一下"功能以及社会化书签优化处理。

（2）在日常的社会化媒体活动中推广。比如可通过博客、博客评论、网络小组讨论、即时通信传播、社交媒体状态更新等。我们需要寻找到合适的平台，将信息精准地传送到目标客户，形成良好的互动；需要熟悉相关平台如优酷、开心网、人人网、百度贴吧、微博、博客、BBS 等传播特性，优化社会化媒体内容，最终形成口碑传播。社会化媒体优化让内容获得多次生命，让内容更流畅地穿梭于各种社会化媒体平台之间。

一、SMO、SEO、SEM 之间的关系

SMO、SEO、SEM 的缩写分别是 Social Media Optimization、Search Engine Optimization、Search Engine Marketing，中文意思是社会化媒体优化、搜索引擎优化、搜索引擎营销，三者之间既有叠加重复的部分，又有相对独立的内涵。下图是笔者绘制的图谱。

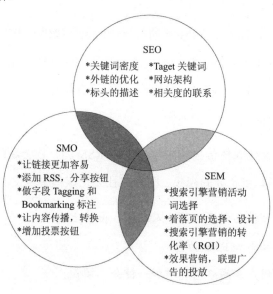

SMO、SEO、SEM 的关系图

许多企业热衷于社会化媒体传播，导致平台上的信息呈现碎片化，品牌的信息如果不去优化，传播的价值将大打折扣。企业应该充分优化相关传播的内容，让信息流在各种社会化媒体平台间无缝对接，引发用户的注意、讨论参与，最终形成口碑传播。

二、企业品牌网络社区的经营

传统广告就如德云社演出一样，郭德纲在上面表演，观众只是坐在凳子上看，你表演得好，观众给你鼓鼓掌，这就算成功的演出。广告也是如此，广告公司在表演，期待得到吆喝声。

纵然传统广告不想退出舞台，从业者在奋力修正，但效果不见得理想。基于 Web 2.0 下信息传播方式和行为的改变，我们在开展营销活动时，需要考虑品牌的网络社区、小组的建立和经营。

网络社区一个显著的特色是大家都可以参与到社区活动中，不然就会显得被动。对于企业来说，可以从网络社区中了解到用户的真实想法、产品情况，更好地和用户交流，建立一种基于企业或者品牌的情感纽带。品牌的说服力、可信度建立的基础是品牌长期投入的情感纽带和用户感觉，平时不维护、不参与到社区中去，临时抱佛脚，不是品牌运营的明智之举。例如如果企业是生产儿童产品，不妨考虑建设儿童微社区，或借用现有的儿童网络社区平台。附图是国内的摩尔庄园儿童社区。

比如企业介入 Facebook、垂直门户社区、百度贴吧等网络社区平台，建立品牌的兴趣小组、版块和反馈版，可以和客户深入地进行交流，便捷地进行信息反馈。同时也便于企业监控、管理、疏导用户的舆论，避免了在网络平台下，用户信息反馈的无序性。

那么，我们如何建立品牌的网络社区？笔者总结了以下步骤供大家参考。

（1）了解品牌的目标客户、信息反馈的集中区和用户交流的热点地带。梳理信息，建立清晰的社区领域，将用户吸引到这些区域来。信息的集中对于用户来说更具吸引力，他们可以找到共同爱好、话题进行交流。

（2）让用户自己讲话。正常状况下，不干预、不删除用户的信息，品牌已经通过电视、广播、报纸、DM、户外等多种形式占领着用户，为此我们不必再用过多的软文、宣传来淹没品牌的网络社区，而应该给品牌网络社区创建一个和谐的生态系统。

（3）网络社区的运营。将社区的信息反馈交给用户，企业要做的是保驾护航，让品牌的网络社区可持续发展。可以通过品牌优惠、信息公布、资源共享等手段来聚集人气，协调社区中方方面面的关系，适度表彰意见领袖和社区活跃分子。

（4）企业的参与。企业在品牌的网络社区中，需要谨慎使用官方或品牌身份，代表品牌发言时，不必太做作，太正式，可结合自身品牌的特色定位，以适度口语化、人性化的语言参与到品牌网络社区活动中。

由于传播方式在不断变化，这就促使企业不断了解、应用新的营销手段，其中唯一不变的是，要铭记客户为上帝，用诚心和客户相处，品牌才可以持续经营。

案例一：强生公司的 BabyCenter 社区

强生公司运营着一个非常成功的在线社区 BabyCenter。厉害之处：全美国使用网络的准妈妈和有着 2 岁以下宝宝的妈妈中有 78% 都是这个社区的成员。每月来 BabyCenter 的美国妈妈，要比每年出生的美国宝宝还要多。BabyCenter 在提供价值上有自己独特、坚持的方向。网站分享根据孩子年龄区分的专家建议、科学研究等文章。更为重要的是促成妈妈社区的建立，让妈妈们有个分享照片、交朋友、写博客、探讨评论、传递经验的地方。相对于其他全方位覆盖的社交网络，BabyCenter 只专注面向妈妈群体。

我们可以看到许多妈妈一有空闲，就会写下日记来记录她们怀孕的经历，孩子成长的过程、照片，甚至分享有用的育儿经验。这些具有相同目的的妈妈们聚合在一起，经过时间的积累，最终形成独特的部落。

BabyCenter 创建之初就提供从未出生到 10 岁以下儿童相关的各类工具、信息和经验。排卵期计算器、宝宝起名工具、与儿童成长各阶段相关的成长信息和文章及过来人的意见，这些都构成了妈妈用户定期回到这个网站的理由。

BabyCenter 在移动互联网时代，推出许多实用的应用，其中典型的代表是 Booty Call 应用。应用可以定期给处在排卵期的用户发送受孕率警报，还会发送一些提示和信息让用户考虑排卵期的事情。

汇聚全球的妈妈群体，借助社会化网络的力量，对于强生公司来说不仅仅是拥有和客户交流的平台，也成为很好的销售平台。对于新产品的推出、产品研发和客户服务都产生了不可预估的力量。

如何使用社会化媒体开展促销活动

每逢圣诞、元旦、春节等节日，民众购物兴趣浓厚，商家也会使出浑身解数来吸引消费者。根据国外一份报告显示，零售商家的来自 Facebook 和 Twitter 的互联网流量分别增加了 36% 和 15%。可见美国社会化媒体（Social Media）已经在商业活动中扮演着重要的角色，对终端销售和市场活动具有很大的影响力。

许多快速消费品、商场、酒店、航空公司等通过社交网络和微博平台产品促销或者服务。据笔者观察，目前国内也有不少企业在节日促销活动中，加大了社会化媒体平台的应用，涉及新浪微博、开心网、行业垂直社区、综合论坛等。社会化媒体平台给这些创新的企业带来了丰厚的投资回报率。

企业使用社会化媒体进行促销，活动组织者往往抱着尝试的态度，因而对效果监控和市场战略层面的把控都显得比较幼稚。作为一次市场推广活动，我们需要充分把控管理投资回报率，制定详实的促销推广方案，而不仅仅是发一条微博信息，或一个论坛的帖子。

如何更好地开展企业社交平台的促销活动，让网络用户找到最优惠的信息，笔者结合之前的活动经验，提出以下看法和思考。

一、提供特别价值，吸引注意力

越来越多的目标客户活跃在社交媒体上，对此，企业会如何促销、推广自己的产品服务？Razorfish 报告显示：用户为什么在微博上成为企业粉丝，在社会化媒体上把企业加为朋友等等，最重要的原因是，他们希望获得公司促销和折扣的信息，由此可以看出"利益驱动营销"的影响力。数据显示：超过 1/3 的社交网络用户、44% 的微博用户通过促销活动来和企业互动。企业在初期设计中应该给从社会化媒体中来的用户特别照顾，或者更大的优惠折扣。我们可以从凡客诚品的圣诞节促销中读出如何开展促销的思路。

二、如何设计社会化媒体中的促销

目前在社会化媒体上进行促销还处于初级阶段。企业仅仅发布一个豆腐块信息，说有什么活动，大多数企业则是直接将促销的网址贴到微博上，或放到类似开心网、Facebook 的平台上去，或发到垂直社区的论坛里面去，也有发到所在城市人气较旺的社区中去。例如，南京的西祠胡同、杭州的 19 楼、上海的宽带山等。

如果我们能够用点心思来设计在社会化媒体上的促销信息，效果将明显优于简单的促销公告。这方面国外有许多好的实战案例，比如有家企业员工发布促销消息，鉴于我们老板最近去度假，期间搞次秘密促销，大家要保密呀，老板回来就结束。

设计促销信息可以涉及：

● 促销的内容修改。不能只贴出促销链接，催促发布，而要精心设计、修改促销内容。

- 促销的展示形式。在社交媒体、BBS、微博上的促销展示形式应该区别对待。
- 促销时间、过程的设计。要设计促销阶段性传播策略、过程把控、调整方案。
- 促销设计要考虑活动过程中的效果评估问题。

三、社会化媒体促销活动的开展

在开展社会化媒体促销活动时，需要整合企业资源。比如一个经济型连锁酒店市场部开展的社会化媒体促销活动就必须和客房部、订房接线处、财务部门协调进行。如果开展的促销活动没有这些资源的配合，社会化媒体促销活动就很难成功。

社会化媒体促销活动在选择传播平台时，也需要考虑企业产品、服务的潜在消费者活动区域。比如之前戴尔在微博上发布促销消息，因为这个平台上热爱技术、互联网应用层面的人很多，年龄结构层次偏年轻等多个因素，戴尔公司通过检索相关的关键词，在用户需求的合适时机找上门，通过意见领袖的传播，发布戴尔的促销活动信息，最终仅这一个平台就为戴尔带来了上千万的销售收入。

四、社会化媒体平台促销效果评估

社会化媒体平台促销是否有效？可能带来多少销售额和利润？我们需要使用互联网媒体监控、测量工具详细区分出哪些浏览量来自社会化媒体平台，增加了多少互联网流量，最好能评估转化率可达到一个什么样的层次。同样，为了对比不同的促销在社会化媒体平台的推广效果，可以在相同的时间进行不同的促销活动，这样可以清楚地看出投资回报率的差异。

如何更好地使用社会化媒体平台？其中涉及的不仅仅是平台的选择，还有促销活动形式的创新。特别要注意的是，通过社会化媒体平台发布的促销信息，必须要有特点，或者具备排他性媒体的信息。只有这样，用户才会传播你的促销信息，你的促销信息也才具备相应的营销力。

案例二：Lady Gaga 新专辑的促销

"Lady Gaga 新专辑来啦！"——这则消息，记者并非从娱乐网站、音乐网站得知，却是从各大巨头企业的最新动态中了解到的。谷歌、星巴克、Zynga 都在 Lady Gaga 新专辑推出前期推出了以 Lady Gaga 为主角的宣传活动，时机精准，借力巧妙，将"歌迷"和"用户"的力量交相重叠，皆大欢喜。

1. 谷歌

谷歌（Google）为 Chrome 推出了最新宣传视频 "LadyGaga+Chrome"，视频的主角就是大名鼎鼎的 Lady Gaga，这是谷歌在 Chrome 上的又一轮发力。这则视频的背景音乐就是 Lady Gaga 24 号将在美国市场推出的新专辑的新歌——《The Edge Of Glory》。

在视频中，除了 Lady Gaga 出镜外，还有很多粉丝自动上传的视频合集，虽然整个宣传视频花费了 10 天时间，但粉丝视频部分的材料收集只花了几十分钟，Lady Gaga 在官网上大呼一声"需要更多网友视频！"，马上就有 100 多个视频上传到了视频网站 YouTube。它不仅宣传了 Chrome，也成了 YouTube 力量的"布道者"。

2. 星巴克

一直在移动营销领域敢于尝试的星巴克，也启动了一轮大型的寻宝游戏：只要你用手机扫描星巴克店内海报上的 QR 码，就可以获取有关宝贝的线索。这款

游戏名称为 "SRCH by Starbucks featuring Lady Gaga"，也就是说，整个故事是围绕 Lady Gaga 展开的。

3. 星巴克和 Lady Gaga 合作的寻宝游戏页面

游戏过程共分为 7 个回合，每一个回合中最先找到答案的玩家可以得到和星巴克以及 Lady Gaga 有关的奖品，为了获得线索，玩家将会登陆星巴克和 Lady Gaga 的博客或网站，并运用数学、逻辑、阅读与流行文化知识解开谜题。这些谜题的难度不一般，这就间接驱使大家纷纷在网上就这些问题互相探讨、分享，从而将游戏更广泛地推广出去，影响到更多的粉丝和用户。

和 Lady Gaga 的合作不仅限于此，星巴克将第二回合的开场选在了 Lady Gaga 新专辑的发表日，在这一天，星巴克店内还会播放 Lady Gaga 的新专辑歌曲，同时 Lady Gaga 还将在当天登陆 Starbucks Digital Network，为用户提供免费歌曲下载以及 Lady Gaga 的独家影片。

4. Zynga

美国社交游戏开发商 Zynga 很懂得运用多种手段为自己的社交游戏平台吸引

更多的粉丝和玩家，它曾经为歌手 Dr.Dre 推广过新歌，也做过《兰戈》（Rango）和《青蜂侠》（The GreenHornet）等多部电影的推广。

Zynga 旗下最知名的一款游戏《Farmville》，已经是 Facebook 上最受欢迎的游戏。为了进一步吸引玩家，《FarmVille》和 Lady Gaga 合作推出了 "Little Monsters" 计划：5 月 17 日游戏将推出新版块 "GagaVille"，截至 23 日专辑正式发布前，玩家们可以通过游戏闯关的方式，不断地解锁 Lady Gaga 的一些新歌，先听为快。

营销的一个关键因素是时间点的掌控，这个时间点可以是节假日、新品上市、销售旺季前夕等，也可以是你的现有或潜在代言人正需要曝光率的时候，将明星和品牌的诉求合二为一，使营销效果协同放大，事半功倍。

5 个社会化媒体营销认识误区

社会化媒体有其独特魅力，我们应该趋利避害，驾驭好，让其为我们的品牌、营销服务。对此，许多人还存在一些认识误区，主要有以下几方面。

一、社会化媒体营销效果是立竿见影的

社会化媒体自身的特性决定了其营销效果是温和的、持续的。社会化媒体营销活动做得到位，可以和现有用户、潜在客户建立一种良好的关系，能迅速提升销售业绩和品牌认知度，但不是简单的立竿见影的魔术棒。我们需要去创造内容，进行内容营销（Content Marketing），让其成为社会生活中有意义的部分。美国许多社会化媒体营销案例一般都是几个月后，有的甚至一年后才真正"发芽"。

面对这个问题，我们的企业在和相关互动营销、网络营销机构谈广告传播业务时，可以多一份宽容和理解，在一个宽松的氛围下，双方的合作也许可以创造出中国社会化媒体营销的经典案例。

二、社会化媒体是不值钱的

就如笔者之前所说的，社会化媒介的隐形成本——知本（劳动力）问题，没有被企业主认可。可以说中国的广告人是辛苦的，挣钱也是"血泪史"，好多人抱怨广告人活得没有自尊。这么一个充满创意、人才汇聚的行业却是靠天天加班、压榨劳动力来体现价值。

社会化媒体营销中，我们需要重视知本的作用。其实就拿社会化媒体营销中一个简单的口碑监控来说，它是一个非常耗时的、需要及时反应的事情。程序编好了，还需要人力的投入，不能忽略隐形的知本。

下面是某汽车的社会化媒体及新营销发布执行安排（部分），不仅仅需要发布费用，其实更重要的是内容策划，内容有计划的发布。这个过程需要些许技术含量，应该说也是有效果的，故也需要有合理的价格。

客户名称：#汽车					
营销阶段	服务内容/版块类别/数量	数量	内容描述	投放周期	费用比例
第一阶段：社区环境整理阶段 1、提升品牌关注度；2、增加产品相关传播素材	试车号召置顶帖（逍遥派车友会发帖）	1	号召北京，南京各地车友试驾博悦、领雅	2	#REF!
	南京试驾帖（逍遥派车友会发帖）	5	南京网友试驾活动组织（5人）	1	
	换购进口车有礼置顶帖（逍遥派车友会发帖）	3	换购进口车有礼活动告知	2	
	名博滚滚车轮博文发布	1	#汽车，全新的旅程	1	
	博文论坛转载	5	#汽车，全新的旅程	1	
	百度知道、搜搜问问、新浪爱问	60	每日每个网站20个问题自问自答	9	
	预计成为精华/热帖/推荐帖数量				
	监测服务		每日下午提供前日帖子明细、每周二提供上周社区环境周报告		
营销阶段	服务内容/版块类别/数量	发帖量	内容描述	投放周期	费用比例
第二阶段：产品社区推广阶段 1、通过上阶段试驾活动增加产品传播热点；2、通过地方板块配合路演；	北京试驾帖（逍遥派车友会发帖）	2	北京网友试驾活动组织（5人）	1	#REF!
	TOP门户综合汽车版块+汽车专业+地区热门社区	8	北京/南京相关试驾信息转发	2	
	TOP汽车专业版块（爱卡、网易）	2	广州车展信息	1	
	TOP门户综合汽车版块	5	以转载为主（广州车展信息）	1	
	北京/上海/广州地区热门社区+综合社区	6	北、上、广三地路演活动告知	1	
	北京地区热门社区+综合社区	2	北京路演结束一花絮曝光	1	
	上海地区热门社区+综合社区	2	上海路演结束一花絮曝光	1	
	广州地区热门社区+综合社区	2	广州路演结束一花絮曝光	1	
	逍遥派车友会源发/综合门户论坛+汽车专业论坛转	5	#汽车全国路演活动汇总帖	1	
	百度知道、搜搜问问、新浪爱问	30	每日每个网站10个问题自问自答	20	
	监测服务		每日下午提供前日帖子明细、每周二提供上周社区环境周报告		
	预计成为精华/热帖/推荐帖数量	3			

三、社会化媒体营销是病毒营销

社会化媒体营销可以产生病毒传播？当然可以。这就好比正方形本身属于长方形，但长方形却不是正方形一样。你把社会化媒体营销活动向病毒传播的角度去努力，最多可以说你是利用社会媒介作为平台来发布广告，进行一些传统的营销活动。而病毒营销则是你来制作病毒，让大家乐意给你传播，并且需要控制病毒传播的方向，不能让病毒传播向你不能控制的方向发展。

四、社会化媒体营销是无法科学评价的

何谓科学评价？对广告界来说还没有一个标准，这个命题本身就存在一定的可疑性。可以说未来广告学发展的一个重要分支就是如何更加合理地评价广告及营销活动。

社会化媒介与其他传播手段如常规的公关、电视广告、户外广告等相比，可以提供相对精确的数据报告，但还不能精确到哪些数据影响了销售业绩和所谓的 ROI。

五、社会化媒体营销是可有可无的

也许企业的目标客户是从人口统计学的角度来定义的，也许你所在的企业属于传统行业，你的客户和潜在用户都"掉"在网络中，在线讨论你的企业，企业需要积极参与到这些讨论中来。未来企业营销的主战场将会由社会化媒体（网络）、传统媒体等多层次、多渠道的形式构成，放弃社会化媒体营销，你就放弃了竞争的战场。

企业必须为社会化媒体制定一个确切的战略，来塑造自身的网络形象。这种形象是生动的，充满个性的品牌形象，而不是冷冰冰的一个实物，如钢材、厨具。只有这样，大家才会喜欢你。比如，联想的社会化媒体营销活动做得有声有色，例如《爱在线》视频营销，还是针对刚毕业大学生等

白领的爱情故事，让联想科技体现在可爱的小熊上，大家非常喜欢类似这样的活动。光明乳业的卡通形象塑造得也很不错，企业网站和产品体现了形象的一致性。但蒙牛的牛奶卡通形象没有进一步深化。

微思考：

你如何看待社会化媒体营销？还有那些疑虑呢？写出来和大家交流吧

点评 4 个有趣的营销案例

一、让公牛做裁判

品牌：Orange（UK）

起因：Orange 公司赞助 UK Glastonbury music festival 音乐节日，需要搞个活动来送出 40 张免费票。

活动：因为这次音乐节是在农村举办，赞助单位决定由一头名为 Derek 的公牛来决定最终获胜者。他们将这头公牛和 GPS 定位系统连接起来，并保证参赛选手可以在线看到其位置。你要获得音乐节的票，只需要参加竞猜次日下午 3 点的时候 Derek 是在哪里漫步、坐下，或者吃草。

效果：最终活动参与人数超过了他们的预期，许多微博传播了这个有趣的事情，接下来获得了电视报道、报纸采访等免费传播，获得了巨大的营销传播，最终促使 Derek 的儿子 Winston 来做续篇。

点评：在无聊中发现乐趣，创造传播！

二、汉堡王"杀"朋友

品牌：Burger King

媒介：Facebook

活动办法：需要你认真去思考，哪些在我朋友列表上的人可以被释放？每删除 10 个朋友，你可以得到一个免费的汉堡王（每个人只有一次参与机会）。

效果：在不到一周时间内超过 23 万的"朋友"光荣被杀，也就是说大约有

22 000 参与活动的人吃到了免费的汉堡。这个案例很具创新性，获得了许多媒体的关注、网民也以自己的方式传播这件乐事。

正如活动网站写道：汉堡活动网站也光荣牺牲了（即网站由于流量大，被点击瘫痪）。这次活动让参与者整理了一下所谓的朋友清单，尽管 Facebook 碍于活动与其普世的价值观冲突进行阻扰。

点评：为了吃到汉堡，给平静的生活一次娱乐，未尝不可！

三、索尼大厦颜色由你定

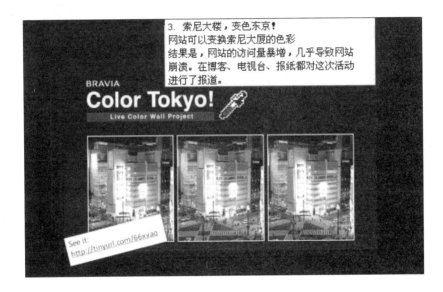

品牌： SONY BRAVIA

活动： 索尼大楼颜色调控活动。你可以改变位于日本东京的索尼公司其中 7 层楼的灯光颜色，你只要访问站点并且选择 "Sony BRAVIA" TV-SET 的颜色，SONY 大楼上 LED 灯管就会在很短的时间内改变其颜色。年轻人可以用来玩浪漫，当你和女朋友吵架了，你可以在她面前来改变摩天大楼的颜色，多浪漫？你只需要一部手机或者笔记本电脑就可以实现。不得不说这是一个大胆的想法。

效果： 在这次活动中，网站的访问量暴增，几乎导致崩溃。在博客上有超过

10万条留言，电视台、报纸都对这次活动进行了报道。

点评：浪漫是需要烧钱的。

四、AXE 喊你起床

品牌：日本 AXE

活动：当你到 AXE 的网站上去，将你的手机号码输进去，同时告诉你想在什么时间起床，希望有人打电话来叫醒你，你就会接到你事先选定的美女给你电话。

效果：活动数据显示，病毒传播超过预期。

点评：不了解性，就不了解日本文化。

社会化媒体营销的 13 个问题

许多企业仅是陶醉在社会化媒体营销的某一个"点"，缺乏对社会化媒体营销战略层面的把控，更不了解企业社会化媒体营销的实际使用状况。

（1）社会化媒体必须整合到企业的营销方案中，是不可或缺的一个思考点。

（2）社会化媒体将获得实至名归的预算，而不是被列在预算项目中的"其他"。

（3）更多的销售额将会来自于社会化媒体，社会化媒体将是企业销售的重要战场，不论是 B2C，还是 B2B 类型的企业。

（4）社会化媒体将被整合到企业的 CRM 和 ERP 中去，这就需要建立 Web 2.0 下的营销新架构，目前企业还欠缺对这方面的实践。

（5）社会化媒体商业价值将被充分挖掘，如何平衡媒介价值和用户体验之间的矛盾，是社会化媒体平台需要考虑的。

（6）社会化媒体营销迫切需要完善 ROI 的评估体系，说服相关的利益体。

（7）关注企业线上活动和线下销售的联系，需要明确哪些销售是从线上来的，而不仅仅是常规意义上的效果营销。

（8）更多的品牌将关注网络对话监控、舆情监测，催生品牌监测（Brand Monitor）行业的发展。

（9）客户服务将向社会化转型，取代或者与电话客服共存。企业和客户的活动将走向多元化、社会化。

（10）实时将成为热门，不仅仅是搜索引擎，还包括社交网络、微博、博客等方面的实时创新。企业活动也需要实时，比如客户服务方面，网民需要实时的答复、服务，拖延是不专业的体现。

（11）想控制网民已经不太现实，控制仅仅是个假象，是企业的自我安慰，是一种短视的行为。

（12）Email、即时通信等互联网产品和社会化媒体之间的博弈，这场基于用户兴趣点和偏爱的战争正在进行。这是一场新欢旧爱之争。

（13）个人隐私更容易暴露，利用社会化媒体来犯罪的案例已屡见不鲜。

社会化媒体营销不应该停留在概念层面，而应该对社会化媒体给予足够的重视，并踏实地做这方面的工作。

社会化媒体营销全案：奥兰多海洋世界

奥兰多海洋世界（Sea World Orlando）是仅次于圣地亚哥（Sea World Adventure Park San Diego）的全球第二大海洋主题乐园，以各类海洋动物如海豚、海象、海狮的表演闻名于世。

海洋公园于2009年推出以下两个项目：

- **曼塔游乐**：曼塔是奥兰多海洋世界一个新的大型景点，即将开业，游客可以利用一个过山车，体验在水下的感觉。
- **海豚泡泡**：这是新开设的观赏海豚活动，游客可以观赏海豚"吹泡泡"表演，并在水中与其亲密接触。

社会化媒体营销如此热火，奥兰多海洋世界也积极参与，鉴于海洋公园的特色，其目标客户都是国际、国内爱好海洋和旅游的人，非常适合开展社会化媒体营销。

在做整合的互联网营销活动之前，我们需要制定好活动的目标，以便在活动结束后科学评估营销活动的效果。正如笔者所描述的，我们需要确定社会化媒体营销的目标是什么。

结合这次海洋公园的活动情况，可列出以下几个方面的目标：

- **参与性**：鼓励市民围绕海洋世界参与讨论。
- **认知**：在Web 2.0中提升对海洋世界的整体认知，增加其在社交媒体中的影响力和口碑。
- **刺激需求**：刺激民众对曼塔游乐的需求。
- **网络流量**：吸引民众访问 SeaWorld.com、dolphinbubbles.com、海豚气泡视频。

一次战争的胜利，需要明确、有效的战略，而不是仅仅关注一些战术层面，缺少整体的把握。营销就是一场没有硝烟的战争，为此我们需要在进行社会化媒体营销前制定活动的战略。

为此奥兰多海洋世界制定了以下的社会化媒体营销策略：

- 选择意见领袖，通过奥兰多的旅行记录来制造影响力。
- 利用长尾效应，选取更多的普通博客来传播奥兰多海洋公园。
- 结合海洋公园活动，给参与活动的人提供一些奖励。
- 充分利用多种有影响力的平台，争取形成一个全方位的整合营销格局。
- 积极关注吸引国际游客。

经过甄选最终联系了以下 6 位意见领袖：

- Julia Roy (www.juliaroy.com)
- Sarah Austin (www.pop17.com)
- Alex Schek (www.fayerwayer.com)
- Wendy Piersall (www.sparkplugging.com)
- Lucretia Pruitt (www.geekmommy.net)
- Ted Murphy (www.ted.me)

通过奥兰多海洋公园的旅行记录、视频、照片、博客，直接点燃传播动力。借助意见领袖的影响力，直接辐射至其粉丝们，口口相传，产生区域的可信的影响力、传播力。

有的用户说我们家完全没有想到奥兰多海洋世界是如此的疯狂，这是一次让人着迷的旅行。

"海洋过山车，让我疯狂。"

"没有去过，不过接下来我会安排家庭出游去奥兰多海洋世界。"

坦诚的用户留言，比商家的呐喊来得更具营销力。

我们也可以充分把握微博传播的影响力，选择其中的意见领袖，全面直击其粉丝圈，引爆核心圈，让相关信息在 Twitter 上通过各种人脉进行病毒传播。

user	handle	followers*	Twittercounter.com Rank*
	@chrisbrogan	60172	193
	@jessicaknows	13611	845
	@juliaroy	24679	422
	@geekmommy	12287	968
	@unmarketing	20451	504
	@emom	20067	522
	@tedmurphy	11418	1054
	@classymommy	3163	5178
	@hbobier	1782	12052
	Total	167630	

Notable Twitter participants in the Manta Campaign

*Twitter Counter data as of April 6, 2009

正如之前所说的，我们需要整合多个平台，进行全方位的传播。最终奥兰多海洋世界选择了以下的社会化媒体平台：Friendfeed、Youtube、Flickr、Yahoo Ansnwer、Facebook 等。

我们看到了其在视频营销中的闪光点：

- 视频的名字具有吸引力。比如，"海豚，一个难以置信的行为"，还有多个不同标题的视频，进行多方位的传播。同时还应考虑检索的因素。

- 视频上传时，截取的页面非常具有冲击力。目前优酷、土豆网上，好多品牌广告主，还没有明显重视这一点。视频显示第一感觉很重要，就如这个案例，视频画面显示一个人身后有好多海豚，让人产生好奇。

国内不少企业的视频营销，会选择诱人的、性的成分，不得不说这也是一种曲线营销方式。虽然浏览者知道，不可能欣赏到黄色内容，不过大众还会情不自禁地去尝试，营销者在活动中需要利用好人性的一面。

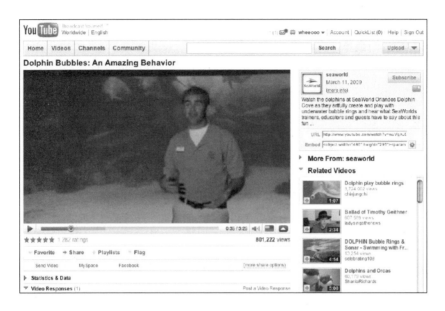

备注：选择的图片具有视觉冲击力，海豚就在人的背后。另外标题用的是海豚吹气泡——令人惊异的行为。这样不仅从标题上可以吸引到用户，当用户看到视频截图时同样有吸引力。

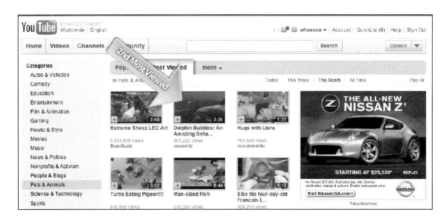

备注：我们可以看到这个视频获得超过 80 万的浏览量，名列当月观众看得最多的视频的第二名。

127

活动结果： 有关 ROI、社会化媒体营销活动的评估，可留给广告主和代理机构之间去博弈。代理给出的是参与人数、网站访问量、销售额、用户认知度等一系列令人满意的数据。

第 5 章
微博营销实战技巧

- 微博概述
- 微博的注册使用
- 微博的战略规划
- 微博运营及书写
- 微博活动策划
- 案例研讨

微 博 概 述

微博是一种非正式的迷你型博客，一个典型的 Web 2.0 精神表现形式，是一种可以即时发布消息的系统。常见的微博平台有：Twitter、新浪微博、腾讯微博、搜狐微博等。

微博的注册使用

1. 昵称的选择

从总体形象上考虑，可将微博划分为企业微博与员工微博。企业微博的昵称可选择企业名称或品牌名称。员工微博名称可以放开注册，在单位备注处标明企业名称或者 V 认证处标出。期间有的企业会采用"公司名+ 员工名字"的做法，这样员工的个人品牌聚合可以推动企业品牌的影响力。这类命名方式的典型代表是招商银行、易观国际等。

2. 头像选择

企业微博应该使用企业 LOGO 或品牌标识，员工微博建议用真实的照片，这里有几个小建议：（1）不要用自拍的方式，照片不够正式。（2）背景以深色调为主，不要太复杂，突出头部特征。（3）最好请专业的摄影师来拍网络专用的肖像照。下图是李开复的微博头像：

3. 微博资料填写

以"新浪微博"为例，这里边最重要的有：（1）"一句话介绍"，将显示在微博的主页上，当用户通过标签或关键词检索时，微博将显示微博名，头像，还有就是一句话介绍的内容，这个地方最好不要空着。文字需要简练，能直达核心即可。（2）"个人标签"，标签是描述微博账户的关键词，可以让更多的人找到你，也让你找到更多的同类。标签数量有限，每个微博账号只有 10 个，标签内容需要作一定的拿捏。

招商银行 V 8 广东，深圳
http://weibo.com/cmbchina
招商银行官方微博
关注 777 | 粉丝 64万 | 微博 4754
简介：您的围脖好友，您身边的围脖银行。您好！我们在这里又见面了。招
商银行，因您而变！2011世界大运会唯一指定银行
标签：手机银行 网银 财经 公益 绿色金融 招商银行 理财 金融服务……
职业信息：中国第一家完全由企业法人持股的股份制商业银行……

4. 微博上如何回复、聊天

微博不是聊天室，你不可以一直唠叨不休，微博话题的争论和交流需要保持一个适当的度。围绕一个话题的回复建议不要超过 4 个，如果达到 10 余次的回复，就会让围观者觉得矫情。

微博回复应注意以下几点：

（1）不要过分吹毛求疵，针对别人的消息如果不是大是大非的问题，完全可以放置一边。

（2）回复要有内涵，不要附和或傻笑，或者是一些肤浅的留言，大家喜欢看到一些深入的回复。

（3）可以采取一定的策略进行对话和回复。是问问题（Ask questions），还是保持对话（Hold conversations），还是投入对话（Dip into others' conversations），还是刺激反馈（Encourage feedback）。

5. 微博的交往礼仪学

中国是礼仪之邦，在微博上同样讲究礼尚往来。一般来说我们会优先关注那些已经关注自己的人，那些回复自己消息的人。这主要是获得了一种心理认知，感觉到互联网上有人关注你，体会到受人尊重。如果你想和一个人交往，不妨天天围着他的微博转，等到有一天混得脸熟了，他自然会理会你，关注你。如果大

家天天来关注你，你一直没有回复，时间久了，则没有人再理会你。

为了获得你想要的消息，还需要选择一定的关注数量。如果关注的人太多，想要的信息就会被淹没在信息的海洋。

6. 快速找到有用的消息和行业领袖

可以通过以下方法：

（1）通过行业关键词去检索消息，然后选择一些关注这类话题的圈内人。

（2）已经知道行业内的意见领袖，可以通过其名字或常用的网名来检索。

（3）通过查看意见领袖所关注的人的名单来寻找你感兴趣的人，这种方法快速、便捷。

（4）通过微博提供的一些排行榜、名人录来寻找你可能感兴趣的人。

社会化媒体的核心是多方交流，参与到多方对话中，积极探究新媒体的营销价值。

7. 微博运营架构和组织

企业在微博开设之前需要解决的问题有：第一、企业内部哪个部门负责运营官方微博客？第二、开设几个微博，各个微博之间的关系是什么，未来如何协同工作？第三、微博的工作流程、微博的发布、问题处理、协同响应等方面是怎么样的？海外企业在微博体系上分为以下五种：集权式、分布式、路由式、蒲公英式、蜂巢式。从下图中可以看到企业微博的组织体系介绍，以笔者工作的经验来看，企业目前经常用的架构是集权式和蒲公英式。企业开设的子微博的组织体系选用只有适合企业自身条件的才为优，可以分阶段、分步骤来实现组织体系。

微博组织体系

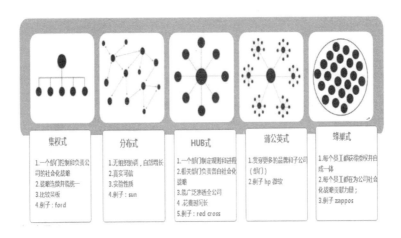

另外，企业微博内部的运营机制是怎么样的？哪个部门负责？负什么样的责任？部门之间协同的优先级设定以及微博的考核问题都需要在开设微博之前想清楚。许多企业盲目开设微博，内部流程没走通，外部应对一团糟，这样还不如暂缓开设，避免搞得狼狈。可以说"开个微博很简单，只要 5 分钟，但是你要负责一辈子"。

从目前的情况来看，集团企业多采用由市场部、公关部来负责微博总体设计和策划工作，分公司、其他部门协助的模式，这里的核心是微博项目组最好有强势领导来推动，如首席执行官或副总裁级别的人选。如戴尔、星巴克和福特等全球品牌在社会化媒体及微博上总体的负责人的级别都在副总裁及以上。下图是汤臣倍健的微博运营系统。

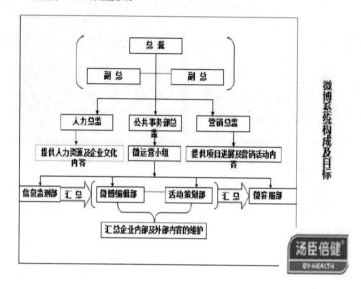

（资料来源—新浪微博项目组）

　　微博的重要功能之一是客户服务、品牌声誉监测、预防危机公关等，那么要实现这样的效果，企业内部需要配备什么样的人力、团队和服务体系呢？附图是品牌声誉管理维护的一个方案，思考一下你的企业合理的体制应该如何构建？

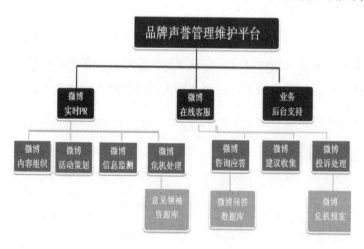

　　我们看到企业内部机制构建并不是一件简单的事，瑞典政府的微博运营体制充分调动国民的积极性，充分众包，人人都是管理员。他们是这样实现其管理机制的：瑞典政府开始了一项名为"Curators of Sweden（瑞典监护人）"的计划，这一计划使得每个瑞典公民都有机会成为账户管理员。

　　计划由瑞典旅游局（VisitSweden）负责实施，瑞典政府的 Twitter 账户也主要用于瑞典的旅游事业推广。Curators of Sweden 计划认为，没有任何一个单一的声音能够代表整个，因此由瑞典人民自己来描绘自己心中的国家形象是再合适不过了。瑞典旅游局的相关负责人说，没有任何人比得上瑞典人民更能代表"瑞典"这块招牌。通过这个计划，瑞典人民将有机会向世界展示"他们的瑞典"。

　　首位代表瑞典政府管理@Sweden 账户的是一位作家兼市场营销专家 Jack Wermer。每位账户管理员将代替瑞典政府打理@Sweden 一周的时间，期间可以用自己喜爱和擅长的方式，向世界介绍自己认识的瑞典。

　　当然不可能有充分的时间让 900 多万瑞典人每个人都有机会体验这一奇妙事业，所以瑞典旅游局也会事先对管理者进行审核，他们希望找到能表现国家价值和艺术的人管理@Sweden，这其中可能有教师、作家、神父、卡车司机、同性恋者……如果你在 Twitter 上关注了这一账户，那么今后将有可能与形形色色的瑞典人交流。

为这一计划瑞典旅游局还建立了一个专门的网站，用于介绍当前在位的管理员及他们发布的内容。每周一凌晨首页内容会被清空，当又一位管理员上任，会写上新的介绍和内容。但在"archive"标签下可以找到每一位管理者的历史记录。

Curators of Sweden 计划实在是大胆而前卫，值得我们致敬，这一计划充分调动了众包的力量。

微博的战略规划

微博的快速兴起使众多企业摸不着头脑，典型的疑惑是："我们玩微博不知道要玩多久，跟风玩几个月，不知道明年要不要玩微博"。笔者认为社会化媒体不应该仅仅聚焦在曝光、营销层面，应该从整个企业运营下手来玩好微博，不让它成为天空的另一片浮云。

1. 微博规划

我们需要从微博定位、微博语气管理、内容运营策略、粉丝运营策略、团队构建、效果评估、规章制度以及活动策划等方面全方位的洞悉企业微博。在构建好完整的微博规划方案后，再开展微博的战略规划与执行，将变得信手拈来，并在微博营销中做到游刃有余。在微博运营的阶段性规划中最忌讳的是一上来就送iPhone、iPad 之类的礼品，不具备战略规划性，眉毛胡子一把抓，缺少营销节奏感等问题。

2. 企业微博进阶的三部曲

第一、企业微博运营，抓粉丝，战略投入，吸引潜在粉丝；第二、进价，制造话题，兴趣互动，让粉丝留下来，形成有影响力的社群；第三、成为具有销售功能的和谐生态系统。

3. 反面教材

第一、一上来就发广告的、不靠谱；第二、战略投资不给力，影响力不足，半途而废；第三、节奏感紊乱，精神分裂的官方微博，吓人。

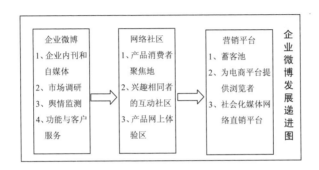

微博运营及书写

一、企业微博运营过程中的几个常见问题

1. 多少粉丝才算合理

粉丝的质量比数目更重要，例如你是卖轴承的，通过娱乐八卦把 90 后的孩子吸引过来，即使粉丝数目很多，商业价值也不足称赞。

粉丝的多少取决于微博账户想影响的目标客户群体是多大。企业官方微博的目标客户是谁？官方微博目标人群常见的有：政府及管理单位、目标消费者、上下游产业链供应商、企业员工、媒体工作人员、行业意见领袖等。根据账户的不同定位，将目标人群切割好，保持较高的目标人群占比。

例如某个金融客户，其官方微博的目标客户预订是这样的：60%是金融产品的潜在购买者（富裕者），10%是想影响金融行业的媒体人员，20%是想影响上下游的银行、证券等企业及意见领袖，10%是政府及管理单位人员。一旦品牌将人群比例切割好，那么粉丝数的发展计划也会变得明确，同时接下来的内容规划比例也会清晰，即可按照重要性及占比的大小配以微博"精神食粮"。

2. 微博的发布时间如何选择

发布时间由目标客户说了算，选择目标客户群集中在线的时间点进行发布是最好的。据新浪微博平台统计的规律，早上 7:00~9:00，下午 18:00~20:00，晚上21:30~23:00 这几个时段目标客户在线时间最高。这个数据仅是从整合人群上统计的，不同行业的粉丝其活跃时间会有所不同。合理的解决方法是通过微博发布效果数据测试来确定，通过在不同的时间段发送不同的微博来观察粉丝的反馈情况，最终勾勒出适合的时间段发送。

3. 微博转发数和评论数之间的关系

如果微博转发数大于评论数，且在级别上（以倍数数量级考虑），有显著的差距，意味着微博的内容质量高，适合收藏，是有益的资料类；反之评论数大大超过转发数，可以理解为该条微博是属于话题型的，或具备争议的内容；如果转发数和评论数相当的话，意味着微博的内容和话题性处在一个相当的状态。

二、微博虚拟品牌形象定位

微博上是流动的文字，期间有语气、有争论、有情感。企业在微博上的行为就该像个人，讲人话，做人事，还得要有性格，最好做一个让人喜欢的人。品牌虚拟形象定位很重要，可以说定位清晰了，微博运营就成功了一半。

许多企业官方微博管理不规范，昨天还是满嘴"亲"、"卖萌"、"装可爱"，一转眼就变成"专家"、"老师"、"哲学家"，这样粉丝是受不了的，会把粉丝搞成精神分裂。形象定位是我们从商业和营销传播的需要出发设计的，比如杜蕾斯在微博上的形象定位是：有点坏坏的白领男青年，一旦这样的定位确定下来，就可以从不同的角度来刻画这个形象，粉丝也是可以接受的。

【比基尼女侍居酒屋】日本在遭受大地震和核辐射的打击之后，东京和大阪地区的一些繁华街，出现了"性感居酒屋"，女服务生都穿着一式的比基尼（如图），会点菜和送菜，并与客人说话开玩笑。在这里蔬菜色拉一盘要约80元人民币、一杯生啤要约64元人民币。你想去了吗？（新闻来自日本新闻网）

今天 14:55　来自　新浪微博　　　　　　　　　　　转发 (700)　收藏　｜　评论 (192)

你的品牌虚拟定位是什么？例如笔者为某金融理财企业的微博虚拟形象定位是：一位 40 多岁从美国华尔街回来的理财专家。

形象越刻画清晰，微博接下来的运营就越容易。比如该金融企业的目标客户是手里有超过百万现金的富裕人群，官方微博的目的是与这些客户分享专业的理财知识，让目标消费者放心。这样微博运营人员在工作时就会掂量 40 多岁从美国华尔街回来的理财专家的语气、语调、口头禅及兴趣点是什么。从调性上屏蔽那些 90 后的"火星语"，为后期的运营打下坚实的基础。

星巴克官方微博的形象定位是一个有点小资、有亲和力、懂得生活的服务员。星巴克的微博思路是塑造有亲和力、营造轻松融洽的氛围，让粉丝感觉到自己正在一家咖啡馆里和服务员闲聊。一旦客户清晰，这样的调性和形象将深入人心，效果也会很好。

生活里总有那么一点烦心事，与其自暴自弃，何不去释怀换来一杯咖啡的宁静。相信咖啡会给人正面力量

2月3日 11:11　来自　新浪微博　　　　　　　　　　转发 (427)　收藏　｜　评论 (108)

　　那么那些生硬的工业品以及机械、五金、化工、医药等企业如何来刻画企业的虚拟形象？许多企业比较硬生生，找不到品牌虚拟形象客户门，结果是微博文字干巴巴，毫无生气可言。以笔者服务的众多类似产品的经验来看，应从源头上抛弃从工业产品及硬邦邦的物质下手，转而思考企业的社会责任、倡导的理念、企业精神并兼顾产品的宣传。营销的效果不是看企业曝光或发布了多少次消息，更重要的是用户吸收，认可你。下面是笔者帮助这种类型企业的微博选择的虚拟形象，可供参考。

> 一个环保主义者

> 关注绿色低碳生活的化学工程师

> 一位有情调的卫浴产品设计师

> 有才，很幽默的英语老师

三、微博内容的书写

　　企业运用微博营销需坚持有趣原则与有利原则。微博的好友们或关注者获取微博信息时都具有新、奇、特的心理，一则微博信息离开了创意就不能吸引他们的眼球，即使这则信息撞上了他们的眼球，由于缺少创意也激发不起他们的兴趣，更不会转发这则信息，最终也不能达到微博营销的预期目标。因此，微博信息应以与众不同的新奇感引人注目，以简洁鲜明的震撼性触发好友们或关注者强烈的兴趣。

互动是微博的精髓。在微博上，人情味、趣味性、利益性、个性化是引发网友互动的要点。根据弗雷奇的人情味公式，人情味分数=3.365×每百字中的人称词数目+0.314×每百句中的人称词数目，在微博上，公司一定要像个人，公司或者机构与用户进行"朋友式的交流"最重要。

微博运营中要确保企业微博的信息有分享价值。信息一定要透明、真实，包括优惠信息或危机应对。围绕某个专题或活动写系列连载，也能吸引听众的关注。企业微博内容一方面要发布跟自己企业有关的话题，另一方面还可以参与时下流行的话题，以引起更多的人来关注你，微博的热门 TOP 话题其中的难点是如何将企业的业务和热点话题无间隙的融合。

| 一周话题 | 风云排行榜包括热门话题榜和热门关键词榜两个榜单。详情» |

| 全部 | 热点事件 | 休闲生活 | 电影 | 电视 | 体坛 |

排名	话题	热议次数	趋势	热度
1	《北京爱情故事》揭开80后	175311	↑	
2	警方公布张默吸毒行政拘留	127368	↑	
3	电视剧《宫锁珠帘》	100260	↑	
4	韩寒 VS 方舟子	100188	↑	
5	请拒绝挨宰！一起发微博监	90360	↑	
6	中国金花本届澳网全部出局	89829	↑	
7	梁朝伟休闲生活体爆红微博	49896	↑	
8	东北爷们勇救15岁坠楼少年	48591	↑	
9	春节过后你胖了没？	43668	↑	
10	微博年味之破五	43254	↑	

完整榜单»

（资料来源—新浪微博客 2012 年 2 月 2 日周热门话题截屏）

143

　　要保证企业微博内容发布的活跃度，即保证每天微博的更新、回复等，要形成制度化、正常化，没人愿意关注一个礼拜才更新一次的微博。多互动与沟通，多关注粉丝，引导粉丝参与到公司的活动中。和微博名人搭上关系，名人意见领袖是传播中的重要角色，寻找适当的话题和他们搭上关系，形成互动，这样可以获得微博名人粉丝的注意，站到注意力的舞台中心。

（资料来源—新浪微博客 2012 年 2 月 2 日名人分类排行榜截屏）

四、微博的书写规则

　　微博让文字的美再一次得到发扬。微博上最常见的传播载体是文字、图片和视频，其中以文字的作用尤为突出。如何写一条能够走得远、有高的转发、高的评论的微博呢？以下是笔者总结的几条规则供大家参考。

1. 不要将微博写死，让粉丝无法互动、接下去

例如：你写了一条微博"我爱我老婆！"你让粉丝如何和你互动？难道让他们说"我也爱你老婆！"只需要将微博内容调整为"我爱我老婆，你呢？"粉丝就有理由和动力来开展互动。

下面这个简短的微博，结尾处"你想不想戳两下呢？"显出水准。

最后一句"你看懂了几部？"形成话题，对微博产生认知与互动。

2. 选择具有视觉冲击力的图片

人是视觉动物，好的图片会顶上许多文字。选择图片的原则是：（1）背景简单，色彩简单；（2）图片主题突出，关键点占据图片的大部分；（3）图片不易太小，也不要太大；（4）紧扣文字和选材，不偏、不跑题。

微博中植入产品广告的思路也可以这样实现，有冲击力的图片会让这条微博

添色许多，广告效果也会好很多。

下面这条微博如果少了这张图片，将会暗淡无光，一张图片诱惑了许多口水。

3. 微博需要有号召行动，让粉丝动起来

许多微博写到最后，粉丝看了就看了，没有留下任何动作（评论、转发、收藏）。一条优秀的微博应该在结束处有号召和行动。例如：（1）同意的请举手；（2）请关照@；（3）转起来；（4）求##等。

下面这个微博结尾处加一个请举手，你可以看到有 7356 人转发，1023 个人评论，你就知道这个号召行动的魅力，你来算下有多少人同意并举手的。

微博语言上的号召行动，也可以用来拉粉丝，正如下面这条微博所说：零起步学化妆，就关注@化妆很简单。这样的话，每条都可以拉到粉丝，还怕粉丝数不增长。

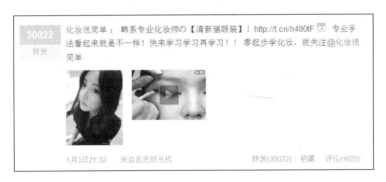

可以看到"转起来"这个简短的号召行动，加上意见领袖的转发，直接导致这条微博有 80392 个转发，25009 次评论，堪称一次群体大讨论，影响力可见一斑。

　　在微博的号召行动中，发挥"求"字的妙用，微博上无聊的人很多，你用"求"字，这样大家就找到理由无聊下去，众乐乐就和谐。

4. 挑战粉丝，让他们众包，奉献智慧

　　不时的设置一些难题，让粉丝帮忙完成，未尝不是好办法。微博的书写中你可以留下空格让粉丝来填写，还可以有A、B、C、D选项让粉丝选择，这样就可以很好地与粉丝进行互动，在互动中创造价值，如果企业还能提供些许礼品，那就更有推动力。

『转发得蚊帐』 夏天最讨厌的除了热，就是蚊子！你只要①转发此微博②@微博好友，就有机会得到【布莱恩 蚊帐 ￥59】，跟蚊子说再见。#安安带你玩宜家#

8月11日 14:24 来自新浪微博　　　　　　删除｜转发(1793)｜收藏｜评论(1072)

『填句赢奖品！』我想_____，但那一刻我发现我的家好小。参与方式①转发本条微博② 评论填上你的想法，就有机会获得【博纳斯 蓝莲 ￥39】，如果你"感觉家里总少一块放东西的地方"，就来填句吧！#小空间有大梦想#

8月18日 16:34 来自新浪微博　　　　　　转发(1259)｜收藏｜评论(1202)

（资料来源：宜家新浪微博截屏）

#R-赛道特训#每日一猜6月8日：高尔夫 R 配备何种驱动系统？活动规则：①时间：即日起至6月30日止 ②关注@大众进口汽车 ③转发竞猜题目微博并发表答案，同时@5名真实好友。评奖办法：我们将每日公布答案，并在正确答案中随机挑选一名幸运参加者，送出#R-赛道特训#限量T-Shirt一件。

💺 收起　🖼 查看大图　🔄 向左转　🔄 向右转

高尔夫 R 配备何种驱动系统？
答案：
A. 前置后驱两轮驱动系统
B. 4MOTION 四轮驱动系统
C. 前置前驱两轮驱动系统
D. 适时驱动（Real－time 4WD）四轮驱动系统

2011-6-8 08:20 来自 新浪微博　　　　　　转发 (277)｜收藏｜评论 (327)

（资料来源：大众汽车新浪微博截屏）

微思考：

从微博运营传播的角度对你的企业 12 月 1 日~12 月 30 日的微博内容进行规划（有多少条，内容组成，栏目构成，百分比，发布时间，效果）。提醒：要考虑节假日、工作日和周末的区别。

微博活动策划

抽奖活动或者促销互动都是非常吸引用户眼球的，能够实现比较不错的营销效果。抽奖活动可以规定，只要用户按照一定的格式对营销信息进行转发和评论，就有中奖的机会。奖品最好是用户非常需要的，但是不要都一窝蜂送苹果公司的产品，要和企业的产品进行挂钩，这样才能充分调动粉丝的积极性。

如果是促销活动，一定要有足够大的折扣和优惠，这样才能够引发粉丝的病毒式传播。促销信息要配合精美的宣传图片。如果能够请到拥有大量粉丝的人气博主帮你转发，就能够使活动的效果得到最大化。在组织微博营销活动时，也要兼顾公司整体营销战略，把微博营销有效地融入到公司的营销活动中去，将通过其他渠道获得的客户资源也吸引到微博平台上来。

活动内容要简洁，规则清晰，奖品直接，涉及到的优惠请用阿拉伯数字表示，下面是几个品牌微博上的活动策划。

VANCL 粉丝团：#圣诞 72 小时疯抢#2011 圣诞疯狂开启，VANCL 最重磅促销——全场满 200 直减 50，满 400 直减 120，免运费。一旦错过，后悔一整年！#转发有奖#转本条微博，说出最想要的奖品，即有机会获@李宇春签名海报、签名 CD、VANCL 代言人及 NBA 版台历等共 240 份大礼。官网：http://t.cn/SVIgle 微商城：http://t.cn/S4SllW

招商银行：#小招送万元圣诞基金（现金）#世界上最远距离，不是天各一方，而是我们都在围脖，你却不知小招在送圣诞基金！不一样的财富管理，带来不一样的圣诞节。温馨圣诞，财富先行，小招送出 10 份 1000 元过节现金！领取方式：①关注@招商银行，②转发本微博，并写下你希望的圣诞节过法或圣诞礼物，把千元转回家！

中国平安：爱金融，爱平安，更爱派礼物，我不是圣诞老人，我是@中国平安 。这个冬天，平安送上 iPhone 4S、iPad 2、回家机票，你来就有礼！关注@中国平安，尽享 2 万份缤纷好礼，点击进入 http://t.cn/ScVea4 转发本帖，即有机会获 12 月 21 日 21 点送出的 iPhone 4S 一部！ http://t.cn/ScVs5M

PUMA 彪马：#狂欢圣诞季# 想要这个圣诞更红更有乐趣？我们和你有一样的心愿。圣诞季，PUMA 将每天带来一条有趣的问候#PUMA 小红贴#温暖的，有趣的，意想不到的。现在起：1)关注@PUMA 彪马，2)转发此微博@ 你身边最有趣的三位好友，就有机会得到圣诞季的第一份大礼#PUMA PHONE#，全国仅此一台的礼遇，转发截止:12/15

在微博活动策划中，配图上最好标注奖品及活动说明，参与方式和评奖方式也要让粉丝一目了然，以避免不必要的麻烦。常常出现的问题有：（1）用户怀疑活动的公正性；（2）微博活动参与方式。

微博活动中要充分调动网民的参与，奖品仅仅是其中一个驱动力，不可只为奖品而搞活动。成功的微博活动是和网民们一起玩，做快乐的事。Uniqlo（优衣库），为庆祝其英国电子商务网站改版上线，Uniqlo 推出与 Facebook 串联的游戏"Uniqlo Luchy Machine"，同时开展了病毒式的折扣网络活动"Uniqlo Luchy Counter"，借助社交媒体 Facebook 与 Twitter 的威力，让这一来自日本的品牌在英国得以迅速窜红。

"Uniqlo Luchy Machine"源自于日本人最喜爱的小钢珠游戏，玩家可以玩 3 只球，通过玩球累积点数，同时享受 3D 画面的视觉乐趣。与以往不同的是，这次的活动你还可以邀请 Facebook、Twitter 上的朋友一起加入来增加游戏中的球数，游戏结束后玩家还可以将得分发到 Twitter 上与朋友们一起分享，或将其公布在个人 Facebook 涂鸦墙上，从而将这一常规游戏演变为一种社群互动营销。

"Uniqlo Luchy Counter"活动创意十足，很快吸引了大量眼球，为宣传 Uniqlo UK 新官网做出了不小的贡献。一改过往直接提供价格折扣的做法——顾客想要的优惠必须通过自己努力才能得到。玩家只需在 Uniqlo 提供的 10 个产品备选项中挑选出想要的对象，通过 Twitter 发送出去就可以参与进来。发送的人越多，这款产品的价格就会越低，待新官网重新上线后即可以最后下杀的价格将其买下。

这种集体杀价的营销手法可谓别致新颖：首先，借由社会化媒体的互动性与及时性，将促销信息迅速传播开来，从而影响到更广泛的目标人群；其次，通过集体杀价的规则设置为社交网络传播注入强劲动力，增添了浓郁的游戏色彩；第三，由顾客一起共同努力来实现心中梦想，从而激发用户的参与热情。Uniqlo 花费差不多的代价，只是通过巧妙构思，善加利用社交网络，就成功地将一次寻常的价格折扣促销幻化为一次影响深远的事件营销活动，收到不同凡响的效果。

活动结束后要按照之前约定的时间予以公开获奖名单，最好有公证处或者机构监督。如果奖品合适，不妨对参与的用户也给予些许奖励，不让粉丝在最后产生抱怨，不满情绪。例如企业可以在不中奖的用户中再策划后续的奖励计划。

案 例 研 讨

一、IDO 的微博线上线下互动活动

IDO 作为拥有线下门店的企业，希望将线上粉丝引导到店面中去，从而产生消费，在建立品牌知名度的同时又能提高用户到店率。IDO 在微博上举办了一个活动，通过线上宣传到线下领取手环，引起了线上用户热烈的回应和参与。用户在领取了手环之后，纷纷在微博上晒图片，活动的影响力也因为微博逐步扩大。

两年来，IDO 官方微博发布了 4400 多条微博内容，积累了 40 多万粉丝，除了珠宝奢侈品、时尚潮流的相关内容，更以情感话题、互动活动吸引了大量忠实的受众。

2011 年 8 月为了回馈微博中的粉丝，举办了"当时我动心了"活动，为微博中的粉丝提供"微特权"。调动全国终端资源向微博粉丝发放数十万只 "动心"手环，具有影响力的新浪微博起到了很好的宣传作用。引导粉丝到店后，发送动心爱情宣言到指定号码后，就可以以这条信息作为凭证，领取手环。

在活动中，IDO 官方微博为了方便微博网友了解活动设计，特别以图片的形式设计分步骤展示出网友参与活动的步骤和全国店面的具体位置。这种方式简单、直观，易于理解，将对用户的服务做到贴心，同时成功地架起了奢侈品与消费者沟通的桥梁。

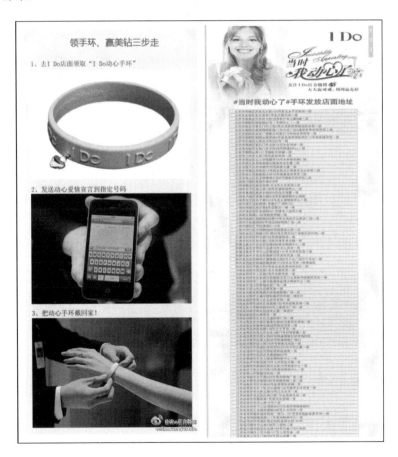

二、杜蕾斯借势雨天的事件营销

1. 营销背景

2011年6月23日，北京下了一场突如其来的暴雨，暴雨导致北京的交通陷入拥堵，地势低洼的地方都出现了严重的积水。一时间在新浪微博上引起了众多网友的讨论，网友们还纷纷拍下当时积水的场景，发送到微博上，得到了数千条的转发和评论。

2. 事件描述

2011年6月23日北京暴雨，这一话题无疑是全天的热点。尤其下午下班时间雨越下越大，新闻报道地铁站积水关闭，京城大堵车，意味着很多人回不了家，同时意味着很多人在微博上消磨时间。运营团队负责内容的成员也在试图切入这一热点，并把杜蕾斯品牌植入其中。就在你一言我一语的插科打诨中，把杜蕾斯套在鞋上避免鞋子泡水的想法冒了出来。事实上这一创意涉及到杜蕾斯的品牌形象问题，如果用这个概念做广告是绝对不行的，所以最终执行的时候，选取了一个小号，也就是鞋子主人的微博@地空捣蛋，在下午 5 点 58 分发布这一图片。

当时@地空捣蛋大约有接近 6000 粉丝。两分钟后帖子已经被一些大号主动转发，并迅速扩散。大约 5 分钟之后，杜蕾斯官方微博发表评论"粉丝油菜花啊！大家赶紧学起来!! 有杜蕾斯回家不湿鞋~"并转发。短短 20 分钟之后，杜蕾斯已经成为新浪微博 1 小时热门榜第一名，把此前的积水潭和地铁站甩在身后。并在当晚 24 点转发近 6000 条，成为 6 月 23 日全站转发第一名。

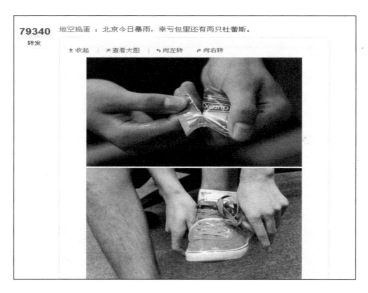

根据传播链条的统计，杜蕾斯此次微博传播覆盖至少 5000 万新浪用户。同时在腾讯微博、搜狐微博的发布，影响人群也在千万级别。借用北京大雨的话题，杜蕾斯官方微博通过对产品用法的创新，利用玩味的方式巧妙地进行品牌的传播。虽然只是玩味，但是这个点子充满趣味和创新，同时又展示出产品弹性好、不易破损的品牌特性，获得了大量用户的好评和互动，是当时最成功的实时营销案例。

第 6 章
社会化媒体营销效果评估

- ■ 社会化媒体效果评估现状
- ■ 社会化媒体效果更倾向 "软" 的一面
- ■ 社会化媒体营销评估指标系统
- ■ 社会化媒体、网站流量及转化率之间的关系
- ■ 网络传播统计学统计指标
- ■ 网络舆情监测工具剖析
- ■ 案例：探索医院行业社会化媒体营销评估

社会化媒体效果评估现状

社会化媒体发展太快，当前我们迫切需要知道营销预算是如何花出去的，效果如何，不同平台的组合如何，客户的结构组合如何。

—— Curt Hecht

一直以来，圈内都有一个心照不宣的痛处，就是我们如何科学地评估网络营销的效果？只要有一些数据，可以给企业、给董事会看看就可以了，反正类似网页浏览量（Pageview）数据都高得惊人，忽悠忽悠还是过得去。其实不是营销人员不想公平地进行网络营销的测评，只是实在没有一个体系能让我们信服和认可。

目前国外的网络营销圈也面临同样的问题，麦迪逊大街上的疯子们也在抓狂。实际上，网络广告评估的核心问题无外乎以下两点：

- 网络广告活动到达我们的目标客户的有效性和成功度。
- 网络广告活动影响客户的购买度、参与度和对品牌的认知度等。

161

其中第一点相对来说比较容易评估，而第二点则比较虚，我们很难把控。确实，在传统广告中，这部分也是一个死穴。

可以用一句话来形容目前网络营销的效果是什么：是迷惑，是需要改进，是刚起步，是不充分，是停滞状态，是受质疑的。从网络营销从业人员的调查情况来看，接近一半的受访者认为，网络广告的评估效果是阻碍网络广告进一步发展的绊脚石。（数据来源Online brand measurement survey，分析企业是否认为品牌营销评估是影响网络广告发展的绊脚石，其中有43.2%的受访者认可这个观点。）

目前网络广告评估主要是以下两种方式为主：

- 直接和销售挂钩
- 第三方数据支撑

其中存在的问题是：过分看重实际销售效果。这种仅仅看重实际营销效果的评估方式，其实是一种短视行为，也会扭曲网络广告的创意和思路。但是我们也不可以主观地认为，网络广告就是很有影响力，我们需要数字来支撑自己的观点。

有关合理的网络营销数据测评研究，福布斯的报告研讨的社会化媒体营销测评的权重，其中赋予销售转化率、新用户注册、点击率、独立访客的数量、下载量等指标权重较大。

虽说社会化媒体营销的评估目前还在路上，但我们可以借鉴国外的体系，结合中国互联网广告的特色，做出企业合理的评估体系。

社会化媒体效果更倾向"软"的一面

社会化媒体营销很热，许多企业也开始尝试，眼光盯着之前报道的成功案例，如中粮悦活、戴尔微博营销案例。大家都认为复制的风险是最低的，所有参与社会化媒体营销的企业都采用统一的手法，而忘记了核心问题：针对企业目标客户，做特定的营销策划和社会化媒体方案。对于中小企业来说，复制以前成功企业的社会化媒体操作指南是不错的选择，可悲的是许多大企业相互复制。笔者就见过一些企业看到中粮悦活在开心网上做得不错，乐事薯片在人人网做社交游戏（Social Game）也不错，他们就复制别人的手法。

目前大家关注的首先是品牌意识、培养客户忠诚度等一类指标，但是对从社会化媒体获得用户角度的思考还比较欠缺。社会化媒体确实可以让用户获得更好的体验、更佳的客户服务。企业也更具人性化、社会属性。正如笔者所说，投入产出比 ROI 评估指标还不明确，企业如何看待社会化媒体将决定其应用的力度。大家都知道，电子商务圈或者以效果营销为核心指标的企业在社会化媒体营销领域的动作还是比较小的。比如凡客诚品大手笔做户外、地铁海报，而在社会化媒体领域的投入却少得可怜。因为对 KPI 的考核直接决定了营销人采用什么样的方法。

2010 年 7 月美国直复营销协会（Direct Marketing Assocation）的研究报告显示，社会化媒体最流行的目标是品牌意识，然后是客户增长和忠诚度。

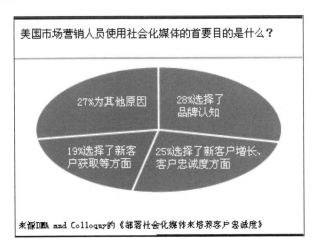

注：数据来源 DMA and Colloquy，分析企业使用社会化媒体的目的，主要集中在品牌认知、新客户获取、客户忠诚度等方面。

EROI 研究同样显示，品牌知名度是美国企业利用社会化媒体营销的首要目标。今年 4 月，MarketingSherpa 调查显示，社会化媒体营销在提高品牌知名度和美誉度上最有效，可以看出社会化媒体在软性方面的效果获得了众多企业的承认。不过在中国由于营销效果统计体系的薄弱，影响了社会化媒体营销的流行。软性评估谁说了算，和中国的企业品牌的投入产出评估一样，是一笔糊涂账。

我们看到，客户获取在小公司的营销中更为突出，这些公司经常使用社会化媒体作为一种廉价的营销渠道，但它们在社会化媒体营销上的预算仅仅盯着获取新客户的回报，整体预算还很小。而大公司在这些方面的表现相对出色，他们将社会化媒体平台看作是培养用户忠诚度、品牌美誉度的场所，更多地关注与客户的对话、交流。

社会化媒体营销评估指标系统

笔者作为国内最早关注社会化媒体营销的一批人之一，一方面很欣喜地看到社会化媒体营销受到企业热捧，另一方面也对社会化媒体营销的非正常发展表示担忧。我们不希望社会化媒体营销又被恶搞、滥用、偷换概念，最后落到网络水军、网络黑社会等中国特色网络文化的尴尬境界。本来很好的词语如"公关"、"网络公关"等，在中国却变成了另外一个味道。

目前国外社会化媒体营销很火爆，已经从初期炒概念步入科学地开展社会化媒体营销、数据评估阶段。社会化媒体营销理论体系已经建立，许多营销界、广告圈的朋友都在积极探究具有中国特色的社会化媒体营销之路。最近笔者接受到来自多家媒体和企业的咨询：如何评估社会化媒体营销的经济价值？如何包装社会化媒体营销服务？如何告诉企业社会化媒体营销的价值？结合之前的服务经验及国内外社会化媒体营销公司的观点，笔者整理了一份科学评估企业社会化媒体营销活动的指标参数。这些参数可供企业在设计评估社会化媒体营销时作参考。至于具体的框架、参数权重和效果，还需要根据具体活动进行调整。其中社会化媒体营销评估参数的主线有网络流量、网络帖子的存活时间与数目、用户参与度、互动比例、对线上线下销售的影响等。

以下是有关社会化媒体营销活动的评估参数，其中不少点值得我们细细品析，笔者非常希望和大家共同探讨，建立企业自身的社会化媒体营销的评估体系。

（1）用户对于某个品牌信息（buzz）发帖的数量。

（2）品牌信息的曝光度。

（3）随着时间的变化，品牌留言发生的变化。

（4）以天为标准，或者广告投放时间段内的品牌留言变化情况。

（5）品牌留言的季节性变化。

（6）竞争性（Competitive）的品牌留言信息情况。

（7）品牌留言信息的主题或分类。

（8）不同社会化媒体渠道的品牌留言信息（如论坛、社交网站、博客、Twitter 等）。

（9）购买过程中不同阶段产生的品牌留言信息。

（10）评估发布素材的流行程度（如有许多视频被植入或病毒传播，哪个效果会更好）。

（11）主流媒体的曝光率。

（12）粉丝数目。

（13）跟随者数目。

（14）好友数目。

（15）粉丝数、跟随者数、好友数的增长速率。

（16）传播的速率。

（17）随时间变化，传播速率的节奏。

（18）第二层级的到达率（与粉丝、跟随者以及好友等层面的联系）。

（19）内容被嵌入，组件被安装的情况。

（20）下载量。

（21）上传数目。

（22）用户初次浏览数。

（23）推选、植入的比重。

（24）用户收藏或者标记为好评的数目。

（25）评论的数目和情况。

（26）级别的选定。

（27）在社会化书签收藏的数目。

（28）订阅数量（如 RSS、博客、视频系列）。

（29）综合浏览量（博客、微型网站等）。

（30）有效每千次展示的花费（Critical Path Method，CPM）。

（31）通过社会化媒体而产生的搜索引擎排名的变化。

（32）社会化媒体中品牌的推广情况变化，搜索引擎中的声音份额。

（33）由于社会化媒体营销活动而产生的品牌搜索数据量的变化。

（34）品牌留言信息中包含链接的比例。

（35）在有影响力的媒体的链接排名。

（36）品牌留言信息中包含图片、视频、音频等多媒体信息的比例。

（37）在投放其他媒体时，同时分享在社会化媒体上的信息量。

（38）消费者达成的影响力。

（39）发行渠道的影响力，如博客、新闻。

（40）参与到社会化媒体中获得的品牌影响力。

（41）目标用户在社会化媒体中的统计学数据。

（42）目标客户通过社会化媒体的到达率。

（43）用户使用社会化媒体的习惯，目标客户的兴趣点。

（44）社会化媒体活动参与者的地理分布规律。

（45）不同发帖内容情况下的用户反应变化。

（46）不同的品牌曝光度下的用户反应变化。

（47）社会化媒体营销事前、事中和事后用户情感的变化曲线。

（48）活动中用户所说的语言数量，可以考虑口语、发言、不同语言等层面。

（49）转发社会化媒体内容使用的时间分布。

（50）花在转发社会化媒体网站的时间。

（51）用户发现相关内容的渠道（如搜索引擎、用户二次传播等形式）。

（52）点击数。

（53）源自免费媒体报道的数据流量百分比情况。

（54）浏览点击率的统计。

（55）互动频次的统计。

（56）互动或参与率。

（57）每个用户的互动参与次数。

（58）视频的浏览比例。

（59）投票、调查的参与度。

（60）品牌联想度。

（61）品牌购买因素影响力。

（62）UGC 用户产生内容的数目。

（63）虚拟礼物的曝光度。

（64）赠予的虚拟礼物数目。

（65）相对受欢迎的内容。

（66）标签添加。

（67）标签的属性（例如，他们如何配合品牌本身的实际情况）。

（68）从第三方社会化媒体客户端或渠道登录的数据。

（69）从其他渠道获得的注册数（如网站、桌面应用、手机应用、短信等）。

（70）竞赛活动的参与情况。

（71）聊天室参与人数。

（72）百科奉献者情况。

（73）线下营销/社会化媒体营销项目的留言数或者事件。

（74）能够被用于其他渠道的由用户产生的内容情况。

（75）用户协助情况。

（76）通过直接互动的社会媒体协助客户与其他渠道（如呼叫中心、店内）的比较。

（77）通过社会化媒体，用户之间相互联系发生的影响力。

（78）第一次呼叫解决率（First Contact Resolution，FCR）。

（79）用户满意度。

（80）客户反馈的生成量。

（81）通过社会化媒体的反馈信息对企业科研、开发节省的时间情况。

（82）来自社会化媒体反馈的建议执行情况。

（83）对比传统的科研开发，通过社会化媒体可以省下的开支。

（84）对线上销售的影响。

（85）对线下销售的影响。

（86）折扣赎回率。

（87）对其他线下行为的影响。

（88）信息生成。

（89）产品试用及抽样情况分析。

（90）访问店面网页情况。

（91）由于用户评论或评价产生的转化率。

（92）用户的第一次访问和重复访问的比例，涉及到客户的流失率等方面的内容。

（93）影响客户的终身价值。

（94）通过社会化媒体获得或留住用户的成本。

（95）市场份额的变化。

（96）免费媒体对付费媒体的影响。

（97）对社会化媒体事件的帖子反馈情况。

（98）社会化媒体中线下聚会参与度统计。

（99）自身企业员工的参与度。

（100）收到求职申请的情况。

微思考：

根据你的企业的实际情况，当下社会化媒体营销评估指标会考虑哪些？在未来构建合理的评估体系，你会从那些方面着手思考？评估体系的框架是什么？

社会化媒体、网站流量及转化率之间的关系

许多品牌企业都首选社会化媒体作为企业和用户交流的工具，用户可通过社会化媒体参与进来，企业可以直接和用户进行对话，获得用户及时的反馈消息。

电子商务从业人员多次咨询笔者：社会化媒体对电子商务有效不？我们如何使用社会化媒体获得订单呢？电子商务如何应用微博来进行推广？

不管是品牌企业，还是电子商务企业，对社会化媒体的推崇是有其原因的，一方面受到类似故事的影响：戴尔通过微博获得上百万订单，星巴克通过社会化媒体增加了品牌和客户的黏性。另一方面许多企业碍于没有专业人手，不知道如何开展，更何况目前社会化媒体的投资回报率效果评估还没有获得公认。

我们可以发现网站的浏览量、浏览用户数目是其中一个基础指标，那么社会化媒体和网站流量是什么关系？社会化媒体营销活动又能够给网站带来多少流量？社会化媒体带来的浏览量是不是高质量的用户？

社会化媒体可以给网站带来以下方面的流量。

（1）自然流量。因为网站提供的内容相关性、指向性，社会化媒体给企业网站带来了一定的自然流量。显著的现象是社会化媒体发布的品牌或电子商务产品抢占了搜索引擎排名中的有利位置。

（2）网站、品牌的曝光。虽然许多论坛和平台禁止发布的内容携带网址，但企业还是可以通过众多的方式来获取网站的曝光、企业的展示，让潜在用户多次接收到相关信息，引导其在未来访问企业网站。

（3）来源于社会化社区。企业可以通过类似签名档、社区交流吸引众多的访问流量，这些访问流量比传统的硬广告来的有效，可以直接为网站带来高价值的访客。企业可以通过加载一定的监测代码，对来自社会化媒体平台的访客进行跟踪，最终对比不同平台的访客的转化率。

（4）即时通讯、社会化标签等平台的传播。Delicious 是社会化书签的代表，用户将自己喜爱的网站进行描述，并做一定的标签进行分享、传播。另外一点不可忽视的是 IM 等平台的传播，虽然目前针对 QQ 等 IM 即时通信的代码监控还很困难，但是它确实可以给我们带来实实在在的网站点击流量。

社会化媒体带来的流量可引发更高的转化率。我们做企业网络层面的品牌广告，投放硬广告，经常出现的一个情况是 CPM（广告每千次广告展示）价格很好，而涉及销售订单或者效果评估指标很差。最夸张的一个案例是某个品牌投放了 20 万的网络硬广告，却没有带来一个订单，转化率为 0。原因可能涉及：投放的媒体平台和产品用户不关联，硬广告设计糟糕，电子商务销售的产品本身的问题，电子商务支付、物流等方面的问题。在效果为王的今天，企业更加看重营销费用带来的转化率、商业销售订单、会员招募等指标。

社会化媒体带来的访问流量质量更高。相对于网络硬广告来说，通过社会化媒体或社会化媒体营销带来的流量是和产品高度吻合、具有情感层面交流的用户，这就保证了这些网站流量的最终的转化率。最近国外一份报告中提到，为什么你会成为品牌主页的粉丝，如 Facebook 官方主页，如开心网、人人网的企业主页，其中排名第一的原因是想获得企业及时的折扣信息，接下来依次是：

- 网民已经是这个品牌的用户，所以成为其粉丝。
- 为向朋友或者其他人表示自己认可、支持这个品牌。
- 仅仅为了娱乐，玩玩罢了。
- 第一时间获得新产品或者其他信息。

由此不难看出，企业通过社会化媒体平台的努力和操作，吸引过来的网站流量其质量是可想而知的。社会化媒体带来的流量更加精准，直接带来更高的转化率。从用户的角度来看，通过社会化媒体平台，他们去点击企业的官网、产品电子商务平台也更加精准，而不像之前被标题党，或仅是去看看广告，而根本不想购买相关的产品。

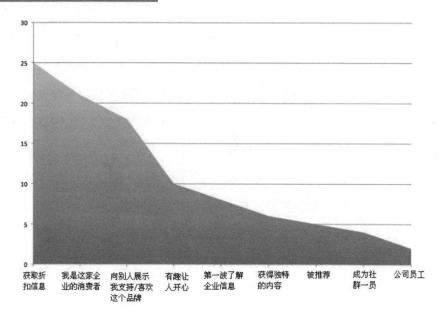

注：上图给出了网民和企业在社会化媒体上互动的原因，主要集中在获取折扣信息、品牌忠诚度、娱乐的需要、获得产品信息等方面。

我们可以通过策划社会化媒体的推广活动，吸引大量的网站流量，直接导向高附加值的转化率。电子商务站点同样需要关注社会化媒体及其营销推广，对于品牌企业的官网也许不是直接面向销售，但通过社会化媒体带来的用户访问量，精准的访问人群并不比搜索引擎营销、互联网硬广告带来的商业价值低。

网络传播统计学统计指标

世事洞明皆学问，传统谣言传播就很有学问。我们是不是要思考：如何标准化、程序化地设计谣言？谣言传播过程中如何进行把控，做到节奏可控，效果可预估？如果我们可以标准化地执行口碑传播，并且可把控节奏，那将是很酷的事情。其实网络传播和传统的人际传播有其相通之处，差异性仅在于传播的环境和工具不同，而其内涵本质是相通的。

笔者在网络营销、网络传播等方面一直崇尚数据驱动的营销效果以及传播力度和深度。目前国内众多传播，尤其是线下传播都走的是公关、宏观数据的口径，没有深入分析到每一步给我们带来的不同影响，网络传播的过程往往以整合打包形式兜售，对内部深入的数据大家心照不宣。

笔者认为，未来的社会化媒体营销、网络传播将走向以数据驱动为基础，结合创意、软影响为辅助的格局。在国外，圈内的朋友已经开始尝试建立众多的网络传播模型、社会化媒体营销数据的深入分析、商务智能、网络传播数据清洗、建模等。国内的网络传播效果评估刚起步，还有一段相当长的路要走。

"网络传播统计学"这是笔者杜撰的一门学科，未来如果网络传播作为一门独立的学科，那么"网络传播统计学"势必将成为核心点。作为一门学科，其内容肯定要自成体系，在此笔者结合国外的研究近况，构思了学科中几个传播过程中的参数，以探讨网络传播学中的数据统计。

一、覆盖因子

$$覆盖因子 = \frac{品牌声音}{品牌声音之和（品牌+竞争对手 A，B，C\cdots N）}$$

覆盖因子是指某个品牌在网络传播渠道（如博客、评论、微博、视频、新闻、论坛等）中被提及或者讨论占竞争品牌系列的份额。覆盖因子是一个竞争性的参数，我们需要从策略层面把握竞争对手的战略、市场花费、品牌影响因素等。该因子是基于一段特定的时间来进行统计、对比和分析的，比如一个月，一个季度。

科学地评估覆盖因子需要进行"切割"，针对不同的网络平台可以单独进行分析处理。例如在新浪微博平台的影响因子，或者在社区、论坛领域的影响因子。需要注意的是，结合企业的产品特性，你的用户活跃在哪个平台上，就优先对此进行切割研究。

覆盖因子在某个阶段会呈现稳定性。如果发现市场的比重发生了较大变化，就需要分析传播中发生了什么变动因子，是竞争对手策划了一个大的市场活动，还是传播中的信息呈现出衰退期？应针对不同的市场环境，调整相关策略。

二、话题流行参数

如何挖掘网络传播中的价值，是摆在企业面前一个很大的挑战。首先面临的挑战是如何对网络留言、网络传播信息作数据清洗、挖掘，如何从互联网留言中发现产品、服务的机会，不仅是品牌层面的机会，还包括新产品设计、竞争策略、未来趋势等。

$$流行指数 = \frac{特定话题提及次数}{所有话题被提及的次数总和}$$

话题流行参数利用关键词（keywords），可能涉及到关键品牌、产品、服务等话题，在网络传播过程中可通过截取相关词语来检验网民的关注点。

要解读这个参数，需要我们不仅具备数据处理技能，还要懂产品、懂服务、懂网民对话的内容。我们需要倾听网民的声音，只有结合网民的传播平台以及地点和话题内容才可以得到科学的情报。

对特定的话题需要进行适当的扩充、匹配，为此我们可以建立企业的关键词库，企业需要对话题趋势时刻进行监控分析，通过与消费者的亲密接触，发现潜在的创新机会或行业问题点。

三、情感指数

在网络传播中，时刻把控网民的情感指数趋势是大家一直梦寐以求的。一般企业都喜欢看到正面的评价、网民的鼓励，对待负面的评价和反馈，就会如临大敌，慌了手脚。而专业人士会理性地看待不同的反馈，包括正面、负面、中立面，并区别对待，这一点在新产品上市、新的活动推出、服务或产品发生变化时尤其重要。

$$情感指数 = \frac{（正面、中立面、负面）提及次数}{主体被提及的次数总和}$$

正面、负面等情感的判断需要结合情形、上下文和话题，目前大家都在探索使用计算机智能判断处理，不过从效果来看中文的智能处理技术还非常薄弱，很难获得大家认可的语义识别，中国的品牌监测软件技术和商业化还有一段距离。

情感倾向可能很快改变的。就笔者的观察，只要企业参与到网民的对话传播中去，其行为就可能影响网民对品牌的情感。

具体管理策略如下所述。

（1）对正面的传播行为，发现后要立即抓住，并通过赞助、推荐等方式加强企业与网民的关系，把他们发展成为活动中拥护自己的活跃分子。一般说来，许多忠实的粉丝都处于潜水、不表达状态，许多软件会将它们拉入中立面的统计中，这个存在比较大的统计误差。

（2）对负面的情感发泄，通过监听发现问题后交付给售后服务、技术支持、销售部等部门，将负面的情感解决在萌芽中。负面的信息爆发后要作相关的处理，可以通过忠实的粉丝或者动用"水军"来发表正面的消息，这是两种声音的 PK，高低和覆盖度都很重要。

（3）对中立面的情感，可通过在传播中解释、和其私人对话、活动助推等方式促进其向正面情感靠拢。中立面一般在统计中占有相当大的份额，需要制定完善的策略使其向正面转化。

四、参与指数

在网络传播中，Engagement 这个词语很有"内涵"，一般指网民在浏览中和网页、企业传播者发生的互动、参与情况。参与的定义有好多种，如网民评论算一次参与，分享到微博、博客等行为算参与，下载企业的 PDF 报告、资料或者其他内容也算参与。

笔者认为，所谓参与指数考虑的是：网民在浏览信息中是否有兴趣，传播是否有明显的触动效果。是否只是看看，没有参与效果。参与指数会和曝光度、到达率、转化率等众多参数纠结，我们需要理清这些数据之间的逻辑、关联情况。参与指数需要根据不同的市场活动情况作不同的设置。

参与指数高，说明传播的内容、机制设计得优秀，网民有高参与的愿望。在传播过程中，我们可以从以下几方面进行努力，关注参与指数。

- 传播情节有趣，界面友好。
- 网民参与方式简单。
- 引诱网民参与（类似电子商务中的 call to action 按钮）。

$$参与指数 = \frac{评论+分享+下载+\cdots}{信息被浏览总次数}$$

以上 4 个参数是网络传播学中涉及面较多的部分，传播统计学中针对不同的活动，不同的企业会有不同的参数和评估体系。其中有关曝光度、到达率、转化率、信息衰退周期律、体系的影响因子等众多统计、评估参数，我们可以展开交流，欢迎讨论。

网络舆情监测工具剖析

许多企业咨询笔者：国内哪个工具可用来监测品牌、口碑、社会化媒体、新营销效果等方面？每次笔者都会告诉他们：国内还没有完善的社会化媒体监测工具。为什么中国的网络品牌监测工具行业会如此糟糕？笔者认为原因有以下两方面。

（1）中文的语义匹配处理技术还不成熟，程序无法直接判断来自 BBS、SNS 或微博上的留言是正面、负面，还是中立。相比较来说英文的语义匹配处理更容易些。

（2）商业力量的推动力不足。国内众多的二线品牌监测工具，走的是半卖半送的路线。商业价值无法凸显，导致没有企业专心做这份事业。不过从另一方面来说，即使这些工具免费给企业用，企业还需要挑挑。而行业的内幕是：找两个程序员，更有甚者连搜索引擎蜘蛛方面的工程师都没有敢宣传是中国的××。在国内，懂程序开发又懂互联网广告、网络营销的产品开发人员，真是凤毛麟角。

技术这么难，为什么我们还要监测社会化媒体？这是因为 Web 2.0 环境下用户开始疯狂产生内容（UGC），基于兴趣爱好的群组快速组建，大众协助推动商业的发展。有些之前个人无法实现的商业模型，现在也成为可能，比如 Wikipedia、Youtube。如果企业让这群网民自娱自乐不去关注、研究他们，后果不堪设想。监测可以让企业快速了解市场、网民的反馈，获取网民对现实问题的表达。监测仅仅是工具，接下来需要做的是和网民进行对话，解决问题。

一、需要关注的几个方面

1. 影响力（Influence）

通过监测，我们发现网民中有一批无冕的意见领袖，他们对行业有深刻的解读，或拥有众多的人脉、粉丝。我们必须对意见领袖进行细致的研究：

- 意见领袖的追随者有多少？
- 有多少外链指向意见领袖的博客？
- 意见领袖的博客浏览量是多少？
- 意见领袖的博客回复帖子有多少？
- 意见领袖微博留言平均被转发多少次？

● 意见领袖演讲、聚会的频率如何？

这些问题可通过社会化媒体监测工具进行相关的梳理，而进行数字背后的解读，则需要一个经验丰富的社会化媒体专家。

2. 态度、意见（Sentiment）

网上回复的帖子是正面还是负面情绪？我们需要监测工具进行自动判别，特殊情况可加以人工识别。笔者也见到一些不成熟的检测工具、软件，判断出来的和本身的语境大相径庭。这在中文处理匹配中尤其明显。从国外的经验来看，判定的准确率平均达到70%以上。中文的检测工具语义自动匹配准确度还没人统计过，笔者认为将会低于60%。

3. 数量、体积（Volume）

简单说就是口碑信息的数量统计。一般说来品牌监测工具针对不同的关键词（keyword）可绘制不同的曲线、趋势图。我们可以根据不同市场活动（Marketing Campaign）涉及的关键词（keyword）来衡量市场营销的效果反馈，或者社会化媒体营销的影响力变化趋势。需要提出的一点是，将网民的口碑进行分类，包括正面、中立、负面，然后再绘制不同的变化趋势图、数据统计分析报表是相当有意义的，即态度加意见两个维度的数据信息。

二、监测工具简介——谷歌快讯（Google Alerts）（免费）

免费不一定就是垃圾！谷歌快讯（Google Alerts）是一个非常实用的社会化媒体监测工具，我们可以使用它来监控企业关键词，关键词可以是企业名、产品名、竞争对手名、竞争对手的产品名、行业关键词等，更新信息可以自动发送到邮箱或者RSS平台上去。同样，个人也可以使用谷歌快讯了解外界对自己的评论：输入你的全名（带引号，如"李四"），每当有资讯报道、博客或网页提及你的名字时，你都会收到一封电子邮件。如果你的名字很常见，则可以使用否定词以排除不相关的结果，比如，如果你的名字和某个职业足球运动员相同，则可以试着在查询中加入"-足球"。如"'李四'-足球"。

在国内的微博中，请关注新浪微博、腾讯微博的检索平台，企业在监测社会化媒体时不可以忽略这些功能模块。

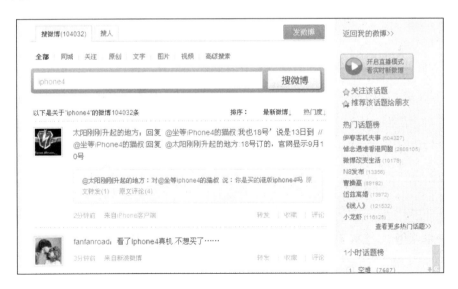

海外社会化媒体监测工具最典型的是 Radian 6。Radian 6 是一个非常酷的产

品，可以监测来自社区、博客、微博、新闻、视频等众多社会化媒体平台的数据，可以将相关的数据进行切片处理，整合分析 Workflow、Alerts、Sentiment、Volume 等方面。我们发现 Radian 6 分析中有其自身的逻辑设想，将多个维度的数据进行关联，作出分析。这也是为什么它收费昂贵而许多客户选择的理由。

正如许多收费工具一样，要想理解模型数据的意义和数据分析背后的价值，需要专业培训。

不同的社会化媒体品牌监测软件有不同的侧重点，应针对市场营销活动的需求进行挑选。中国的品牌监测行业还处于发展初期，期待会出现许多优秀的工具。

案例：探索医院行业社会化媒体营销评估

本案例受益于北京大学第三人民医院、北京大学国际医院、中日友好医院、南京鼓楼医院、瑞尔齿科、施尔美整形医院、汉米尔顿美容等客户或机构。下文内容是行业中的情况，非发生在上述致谢名单的机构。

背景资料：

目前国内三甲医院及公立医院处于卖方市场，一般不缺病人，特殊的科室（肿瘤，癌症）——弱势科室有营销和宣传的需求，但也刚刚起步，远不及海外诊所及医疗机构的直觉。

民营医院及医药公司在市场传播这块意识比较强，以福建莆田"四大家族"为代表的男性病、美容等机构觉醒较早，在互联网营销领域投入了重金。据笔者的观察，目前以水军、搜索引擎、电视、报纸广告为重要的宣传手段。其生存的核心问题是：获得新客户，赚更多钱，还没有上升到品牌及客户忠诚度这个高度。

医疗行业，尤其以处方药宣传为例，市场推广费用（过百亿）中大部分用在药代及相关公关费用上，稀见品牌宣传及营销。核心问题是：处方药使用者不知情，医生处于主导地位。

大部分医生其实很辛苦，很不容易，他们被社会大众误解，被舆论抹黑。笔者见过的大部分医生的医德及操守都是值得敬仰的。医生群体和社会大众之间存在误解。

行业新探索：

医疗医药处于变革点：第一、源于国家医疗改革，民众对其不了解，充满怨恨，医患关系紧张，危机公关负面变多。第二、重要的方面是接下来的80后、90后这一代人的就医风格引发医院宣传的变革；他们习惯用百度、微博、视频、博客等渠道来获取医生和医院的信息，并且做出购买决策。在未来医疗市场开放的冲击下，越发显得重要。医院需要开始关注口碑、网络宣传及口碑传播。

公立医院宣传目前最关心的是：危机公关，医患纠纷、公立医院不缺病人，尤其是一些著名的三甲医院及特色门诊，如协和医院、妇科等。医院的领导及管理者是政府事业编制，核心关注点在赢利的前提下需要做出新闻，做给领导看，追求的是稳妥。对公立医院来说，负面的事情冲击最大，尤其是互联网口碑层面及微博危机。典型的案例：南京市儿童医院护士上班期间打游戏，上社交网络致使婴儿死亡，引发社会对其信誉的拷问。

医院需要拿出预算，通过社会化媒体来构建医生和病人的融洽关系。具体有以下几点：

（1）不仅要提供网上挂号，还要关注互联网上口碑及内容营销。

（2）即时关注网民的口碑，做好危机公关的应急机制，初期可借助外脑或服务机构，将危机控制在适度的范围内，避免不必要的全民舆论风潮。

（3）关注病人的心理体验，进行宣传活动策划，避免之前走打官腔、搞形式的模式，切切实实为病人带去关怀。我们曾给某医院在六一儿童节当天策划了针对就医儿童送礼物的活动，得到了众多家长及领导的好评。给用户制造惊喜，获得信任，这样大家就会相互理解。

（4）关注互联网等新媒体，网民的危机触发及爆发点都集中在这些平台，医院需要从领导的高度重视，并进行一定的维护和处理。

私立医院关注的是当下的赢利，存在的问题是许多从业者把医疗医院当成赤裸裸的生意。走的是：1毛钱成本，5元钱卖出，略显功利，赚快钱思路明显。它们的市场宣传主要是：投电视、报纸广告、百度广告、写软文，借助水军来吸引新客户。更关注一个新客户可为医院带来多少利润。眼睛紧盯：营销成本/新客户数。目前的情况是：

（1）百度的竞价排名效果已进入投资回报率的平稳期，难有大爆发，并有被百度"绑架"的味道，投也是，不投也不是。

（2）电视及报纸的广告占比较大，但效果很差，原有的目标客户：老少边穷的已经被抓的差不多，高端客户影响不到，通过电视等传统媒体来影响80后这些客户群更难。

（3）论坛营销、百度问答营销、BBS 传播、软文、五毛帖等思路被用烂。简单的五毛发帖已经不具备影响力，需要将其做深入，从网络营销的战略高度来玩转内容营销、社会化媒体营销、微博营销，简简单单找些大学生发帖已经过时，需要的是从消费者购买行为学下手。

社会化媒体营销是解决医疗医院行业品牌宣传的最佳方式之一。如果你现在是家新开的医疗机构，跟着竞争对手打一些不知所云的电视广告及百度关键词，注定你走不出来。这些营销手段是一对一的说服，最有效的营销思路是针对社群进行营销，一个窝一个窝端掉。

未来行业努力的方向：第一、微博营销及运营；第二、社交网络的内容营销，互动参与；第三、开设博客及视频互动；第四、活动策划，病毒传播。

第 7 章
社会化媒体与商业深度的碰撞

- 社交网络中刺激机制的设置
- 案例探讨：刺激机制设置
- 电子商务 2.0——社会化商务
- 网络购物 2.0——社会化购物（Social Shopping）
- Levi's 的社会化商务
- 案例：戴尔的微博营销体系

社交网络中刺激机制的设置

社交网络不同于普通的基础网络，是建立在真实人际关系基础上的，对网络的结构特点进行研究对于进一步推动网络的发展具有非常重要的意义。结构研究既包括简单的基础构造研究，例如网络规模、节点可达性、节点之间距离的衡量等，也包括异常复杂的特殊结构研究，主要包括度数中心性（Degree Centrality）、亲近中心性（Closeness Centrality）和中介中心性（Between's centrality）等。美国不少学者关注于网络中节点所处位置的重要性以及节点的聚集性、互惠作用等相关方面的研究。下图是一张人群关系社交的关系图。

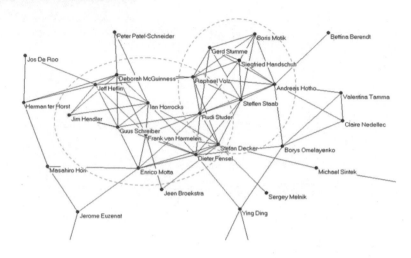

　　社交网络中的人会处于不同的节点、中心点，其行为也会随着周围环境的不同而改变，不仅如此，社交网络中个体的动作表现也是非常复杂的过程。除了之前在线下社会中对自我认知需求的满足，社交网络环境为网民提供了更加便捷的表达方式，更容易找到群组，也更容易产生"羊群效应"。笔者认为由于社交网络中节点的复杂性，再加上众多用户体验，想设置一套有效的刺激机制将极具挑战性。

　　社交网络环境下刺激机制的设计是一个很大的话题。针对不同的情况有不同的需求，如群组刚建立，如何刺激用户的加入，如何让用户多次回访？网络公关传播中如何调动用户的积极性，让他们自发传播，使信息覆盖 QQ、微博、论坛、社交网络？社交网络中如何实现用户的理性化、情感化？如何实现众包，让网民协调一致完成某项任务（比如 Wikipedia）？之前认为这些是不可能完成的。

　　我们可以从社会认知、社会交换、社会心理学等方面来思考。社会认知在内容上涉及三个层次：

- 关于个人的认知，包括对自己和他人的各种心理活动及思想观点的认知。
- 关于人与人之间的各种双边关系的认知，如对权威、友谊、冲突、合作等关系的认知。
- 关于群组内部及群组之间各种社会关系的认知。

社会认知将重点放在人的主观意识上，我们在进行社交网络内的刺激机制设计时需要考虑用户主观意识的思考方式，每个人对自身能力的肯定评价能够引发自我的强烈的自尊和自豪感，因此每个人都有欲望对外表现这种能力，从而获得肯定评价。

社会交换理论就是常说的"你帮我，我帮你"的原始平等的交换原则和互惠原则。在社交网络刺激机制设计中需要考虑"自我利益"和"互惠"等原则，网民所处的网络相互依赖程度越高，个体之间互惠关系越明显。

当个体与群体有强烈的认同感，相信社交网络中的人员，认为有义务参与到群体中，并且认可遵守相关群组规则，就会逐渐步入社交网络核心圈。对于社交网络中的个体来说，义务是指帮助他人的责任感，个体愿意贡献有价值的建议正是基于这种对群体的责任感，相信自己的想法能够获得回报。

案例探讨：刺激机制设置

1. 社交游戏（Social Game）刺激机制设置

设计社交游戏的刺激机制，在策略层面可从以下方面考虑：

- 最基本的，头像要有亲切感。
- 提供足够多的本金给玩家玩游戏。
- 提供吸引人的道具。
- 稀有道具或者舞台只对高级用户开放。
- 允许用户在开始就获得优势。
- 重点突出能够给予什么。
- 在重点位置曝光排名靠前的玩家，刺激竞争。

- 不间断地赠送礼物，同时还有机会获奖等。

- 把游戏行为（如礼物等）的信息频繁地发给用户的朋友。

- 引诱用户只有邀请朋友之后才可进入游戏的下一阶段。

- 积分、登记、象征等 Text index 能够弥补视觉上的缺陷。

- 标题和引言刚好足够用户理解内容。

2. Facebook 社交网络刺激机制的设置

Facebook 的用户激励机制中，包括拥有更多的朋友以及获得圈子的认可。Facebook 总是能够唤起人们最原始的本能，这个 Facebook 上随处可见的奖赏标志能唤起所有用户内心的振奋。人们渴望自己获得认同，这个小小的奖赏标志，就能够使用户感受到自己在社会媒体圈子里的被认同感。因为这个小小的激励，用户非常乐意不断持续地登录、更新自己的状态、丰富自己的个人资料、上传自己的照片。这一小小的奖励机制，从本质上激励了用户。

另一方面，群组也在某种程度上体现了个人价值、风格和个性，个人状态更新代表了用户是否在线。同样，玩游戏也一样为用户带来激励。公开的社会化交往互动方式，成为了用户行使任何活动的背后动因，并且在某种程度上对他人发挥了影响。例如，"Jane 的状态中显示: Jane 刚刚在农场游戏中获得了一个高分。"这就极可能激励了他的友邻也开始玩农庄游戏。

来自德国的心理学家 Kurt Lewin 著名的 Lewin 公式 B＝?（P. E），指出人类的行为是由来自个人和环境共同因素影响而决定的，也就是说，Facebook 的某一用户的行为，既代表了他的个人特点，同时也代表了他在 Facebook 上的社会化关系情况。在这里，Facebook 就是公式中所说的环境。社会化情况就是指用户在 Facebook 上的一系列社会化关系。

3. Digg 能够运营的刺激机制

从机制上来说，Digg 网站其实就是一个巨大的游戏平台。参加游戏的用户必须尽可能去挖掘各种有趣的新鲜的信息和文章，只要"Digg"一下，就等于把信息提交到了 Digg 里。得到的回报就是阅读者会根据你提交的文章内容进行投票，喜欢的阅读者越多，你的文章在 Digg 中的排名就会越靠前，就越有机会在首页排行榜中出现。

用户 Digg 发表越多的新闻或文章，就越有机会上榜。这样的系统激励用户不断关注各种信息，并研究其他用户更喜欢什么样的信息，这就类似于专业编辑的职能。在 Digg 上，用户自己才是编辑，大家自己决定什么样的内容才是好的，是值得推荐的，如果觉得文章内容不好，就可以把它"埋"起来。当然，这样的机制会衍生出一些负面影响，比如用户为了获得更高的人气，而编纂一些虚假的垃圾信息。因为整个机制的关系，使得用户不自觉地关注并重视一些除了新闻文章之外的内容。

Digg 的创始人凯文罗斯在伦敦的 FOWA（Web 在线应用展望）会议上的发言谈到了游戏理论和奖赏对于自我的重要性。在他的讲话中还分享了 Digg 是怎样有效激励用户参与的以及 Digg 在这方面的一系列计划，此外，他还谈到了关于其他新兴的社会化媒体（如 Twitter 等）成功背后的机制。

当然还有更多运用游戏奖励机制成功运作的 APP 案例，最关键的是如何更好地、有机地将游戏机制整合到自己的系统中。

微思考：

在社会化媒体营销传播及运营中，应如何构建一个合理的刺激机制，让目标客户积极参与、病毒传播、主动推荐企业的服务？

合理地在线刺激机制要考虑哪些点？一直有效的刺激，有节奏、层次感的机制是我们追求的，试一试吧。

电子商务 2.0——社会化商务

Web 2.0 改变了企业与用户交流的方式。社会化媒体热及电子商务热，两者结合怎么样？社会化媒体+商务=社会化商务，国外有关社会化商务的概念相当火热，电子商务企业如何利用社交媒体等工具来获得更多订单，让顾客满意？国内在这一块的探讨还比较零星，大部分电子商务企业认为，在自己的电子商务网站上建立一个社交网络平台 SNS，这就是电子商务 2.0，电子商务的未来。其实这仅仅是个外壳，重要的是运营。

2005 年 12 月，Yahoo 首次提出社会化商务的概念。社会化商务的业态是：Social commerce involves using social media，online media that supports social interaction and user contributions，to assist in the online buying and selling of products and services. 即企业需要将社会化媒体（尤其是社交媒体）应用在电子商务中的用户购物、销售商品、客户服务等方面，简单地说就是借助社会化媒体的商务（Social commerce is the use of social media in the context of e-commerce）。

社会化商务刚开始的时候是用来描述在线合作（online collaborative shopping）购物的工具，如分享购物清单列表、用户生成内容（UGC）模式下对产品的评论和建议。之前其内涵被衍生涉及卖家如何从买家获得建议，寻找买家的产品需求和服务导向。现在的社会化商务涉及到用户评论、用户推荐、社会化购物工具（如购物分享、商品选择）、社区、社会化媒体优化、社会化应用组件开发、社会化的广告等。

电子商务的未来是什么？知名社会化媒体营销咨询公司 Forrester 在一份报告中分析了全球的电子商务发展趋势。我们可以看到，随着社会化媒体的发展，基于群组、朋友圈推荐将主导整个电子商务的发展。电子商务企业可以通过社会化媒体让用户参与到产品的设计与生产中，群组将会发挥更大的组织效应，电子商务企业需要关注行业的 Groups 和社交关系。

	社会化关系时代	社会化功能时代	社会化殖民时代	社会化环境时代	社会化商务时代
起始;成熟期	1997; 2003~2007	2007; 2010~2012	2009; 2011	2010; 2012	2011; 2013
描述	用户之间联系,聚集在在线的群组中	社会化网络成为开放系统	每个网站都开始社会化	网站给浏览者提供个性化内容	在线群组代替品牌
消费者	通过个人介绍、简单的讨论来分享、结交朋友	在个人介绍中植入在线应用、组件等让交往更有趣,有价值	依赖同伴的观点来做出购买决策	喜欢分享来获得更关联的网站体验	和同伴一起定义下一代产品,且聚合购买
品牌	通过传统的营销方式、赞助进入网络群组,或者创建企业社区	广告、赞助,或建应用为用户提供价值	关注意见领袖、社会化的推荐	取消注册页面;为网民提供定制化的内容	依赖群组来定义产品
社会化媒体平台	为商业化努力	开发应用来获利	整合来自隐形、清晰的数据	成为网络的通行证	提供功能来帮助产品设计和卖主管理
其他媒体	世界越来越开放、联接	官方 APP 开始变得社会化;纸牌游戏都开始排行榜运营	移动终端触发店内展示内容	电视台为观众提供个性化互动频道	新的公关代理公司代表在线社群,非品牌

注:图表来源于 Forrester,分析商务随着时间、环境的变化而发生的变化。

　　类似 Groupon 团购网备受追捧,其仅仅是社会化商务的一种形式。国内的抄袭者,许多人没搞清楚什么是社交媒体的购物,不清楚群组内在的商业价值。笔者认为产品经理是互联网的灵魂,优秀的电子商务产品经理需要把握网民的网络社交图谱,懂得社交媒体的内涵,深谙电子商务的购物流程,但目前国内在这方面的优秀人员还很少。

　　国外抄袭 Groupon 的也很多,据统计,美国已经有超过 100 家类似的团购网,在中国也曾经上演了百团大战的局面。团购网的发展趋势中出现利基团购站点。比如仅仅针对餐饮行业的团购 BlackboardEats、Feastery,团购网的目录、检索工具 Yipit，这样就构成了一个完善的团购生态系统。

社会化商务业态正在悄悄地革命，不论是电子商务的服务平台，还是 B2C 的商家模式。唯有抓住互联网行业的发展趋势，结合电子商务的特性，才能满足 Web 2.0 环境下用户的需求。

网络购物 2.0——社会化购物（Social Shopping）

社会化商务业态是使用社会化媒体来达成电子商务行为（Social commerce is the use of social media in the context of e-commerce），其内容涉及：

- 用户的评论、产品推荐
- 社区、团组的交流
- 客户的管理
- 社交应用组件、社会化推广等方面

下表是国内开心网在社会化电子商务方面的应用情况。

开发商	应用程序
网票网	电影订票
YOKA 时尚网	团购
酷讯	机票比价
支付宝	生活缴费
淘宝网	试衣间
大众点评网	优惠券
饭统网	订餐
订餐小秘书	订餐
大麦网	演出订票
豆丁网	电子图书馆
Source:kaixin001.com	

社会化购物（Social Shopping）非常热，那么，社会化购物和社会化商务有什么关系呢？社会化购物的概念是，社会化购物是随着社会化媒体兴起而带来的深度变革，网民可以使用社会化媒体平台来完成讨论产品、价格、交易、分享购物心得和购物清单，其中突出的一点是在网上购物行为中加入关系、互动等元素。

社会化购物模式是在社交媒体的环境下，应用大众的智慧、积累的信息和用户之间的交流来获得产品、价格和交易的相关信息。许多网站允许用户创建客户购物清单，并可以在社交媒体中和朋友分享。例如一个女孩买了某件漂亮的裙子，她可以将其购物地址、购物款式、心得分享给好友。由于通过网站可以传递相关信息，基于购物的交友模式也应用而生，借此可以充分挖掘社会化媒体平台的影响力。

社会化购物网站

面对社会化购物热潮，开心网、天涯社区、新浪微博等平台应该怎么办呢？笔者认为，访问量代表人流，人流代表产品流，产品流带来现金流，平台要充分挖掘商业价值，可以通过端口或组件应用，将微博客、SNS、BBS 上的访问量、人流转化为订单。电子商务企业也可以将购物与 SNS 对接，与微博连通，与 BBS 同步。

国外社会化购物站点（Social shopping sites）通过以下操作获得相关的应用：借用现有的社会化媒体平台而非自己独立建立社会化媒体平台；通过开发平台、与 Facebook 联接等方式邀请好友参与到产品的点评、分享中来；构建微博 API，让购物信息分享到微博平台上，并形成互动。简而言之，即通过 Facebook、Twitter 的一些开放端口、组件来让用户和购物信息更大范围地传播起来，和好友、粉丝分享。通过客户的自发传播，带来连锁反应和裂变式的销售业绩，其中还需要平衡企业互联网广告和网民举荐的传播节奏。

社会化购物站点的收入不仅仅来自广告、CPC，还可以通过和销售商的配合，为他们提供增值服务、购物数据统计报告以及用户部分可公开的信息。站点要想获得商业价值，必须想尽办法刺激用户来参与分享购物信息，让用户交流起来。比如 Wishabi 网站通过现金来刺激用户提交某些购物的数据、价格等信息，而更多的社会化购物站点则通过虚拟货币或礼物来刺激用户的参与。比如，国内的豆瓣图书推荐算法结合朋友圈、兴趣圈读书、看碟的分享和评论直接对接当当网、卓越网等购物站点，很有营销力。

那么，有哪些社会化购物的方法呢？下表分别从社会化认同、权威、稀缺、爱好、相容性、互惠性等多个角度来分析社会化购物的方法和案例。

社会化购物工具	应用企业	社会认同（Social proof）	权威	稀缺	爱好	相容性	互惠性
问你的朋友网络（Ask-youer-network）	Charlotte Jusse, Jansport					®	®
团购	Dell,Adidas,Groupon			®			®
挑选列表（Pick lists）	Amazon Kaboodle, Stylefeeder				®		®
参照挑选	Gilt,VanRosen,Ideeli	®					
分享到圈子	Kaboodle,Stylefeeder			®	®		®
分享你的故事	James Avary Jewellery				®	®	

（续表）

社会化购物工具	应用企业	社会认同（Social proof）	权威	稀缺	爱好	相容性	互惠性
一起购（Shop together）	Charlotte Jusse,Mattel	®				®	
社会化评论	Amazon,Apple,Zappos	®	®			®	
社交网络店面	1-800Flowers,Bessfbuy			®	®		
源于 Forrester，分析不同社会化购物的工具和性能列表。							

社会化商务和社会化购物的不同之处是，社会化购物仅仅是在线购物的一些购买行为（social shopping as collaborative activity of online shoppers），而社会化商务的范畴要更大一些。

我们从两个概念的内涵和外延可以得知：社会化商务是针对销售商而言，而社会化购物是从网购消费者的角度来考虑，两者的共同点是充分利用社会化媒体来达到既定的目的。

Levi's 的社会化商务

在未来，我们将很难分辨是企业的站点还是社交网络。未来企业的官方网站必须和社会化媒体平台打通，完成数据流、人流、资金流的通畅。这里我们来看"Levi's 在社会化商务方面是怎么做的"。

（1）在社交媒体中让用户感知，有所接触。

● 品牌认知：Levi's 的主页显示其和 Facebook 进行了整合。

● 教育：通过视频教育用户如何使用社会化媒体工具（例如 Facebook 的"我喜欢"按钮）来参与消费偏好选择。

● 社会化表示：在产品页面和 Facebook 的"我喜欢"进行融合，链接到

Facebook 上的社交关系进行表达。

（2）Levi's 比较厉害的一招是，对社交媒体的数据进行智能处理，向用户提供你的好友喜欢什么产品，或者他们建议朋友们购买的产品信息。应牢记数据永远是宝藏。

（3）Levi's 将社会化购物和企业的信息系统、服务程序进行对接，比如 SCRM（social CRM），确实社会化媒体下的 CRM、ERP 也迈向了 SCRM、SERP，真是一场社会化媒体的狂欢。不过如何将这些系统的数据流进行整合是一个很大的挑战。

（4）企业经营过程优化，比如通过社会化商务来指导新产品开发，管理企业的生产规模、供应链等。

在社会化媒体影响下，如何设计在线销售模式，如何充分挖掘、引导消费行为也很重要。对于消费者来说，企业的广告、营销活动要更加精准、自然，他们更愿意接受这些经过优化的信息。对企业来说，在充分了解用户的前提下作相关营销活动的推广，不仅可以节省大量的营销推广费用，而且可以充分指导企业的新产品开发、市场推广、客户服务等流程的再造和优化。

案例：戴尔的微博营销体系

经常有人有疑问：戴尔通过微博获得销售业绩 650 万美元，他们是如何做到的？假的吧？是不是 Twitter 和戴尔两者联手炒作？就笔者的观察来看，不排除这种可能性，他们的目的是通过多方的推波助澜，让大众行为成为"羊群效应"。

戴尔在微博客平台上都做了些什么，销售业绩是如何获得的？我们从戴尔公司对外公布的数据上来做一个解读：在 Twitter 上发布各种销售信息是通过"@DellOutlet"账号，其已有超过 150 万名追随者；通过这一渠道宣传促销而卖出的 PC、计算机配件和软件，已进账 650 万美元；有超过 100 名的员工发送了 tweets（即 Twitter 消息）给顾客。

备注：上图中官方微博对@supradealz 解释春季促销已经结束等。

1. 商业可行性

哈佛大学商学院的一项研究报告分析，如果戴尔的某款电脑产品只剩下 45 件存货，如果再花钱去 eBay 上销售，从成本利润的角度来看并不划算。因此，戴尔在 Twitter 上设立了名为"@DellOutlet"的账户，作为以特惠价出清存货的销售通路无疑是很好的选择。

2. 检测效果的依据

戴尔在 Twitter 网站上发布的打折信息，会附加 Tracking Code（跟踪代码），从而可以追踪出营业额。通过微博带来的营业额，部分来源于微博上发布的打折信息转化成为消费者实际的购买力、销售额；部分来源于挖掘潜在的销售机会，或者通过吸引竞争对手的用户策略来获得销售业绩。将多方面的销售业绩相加就得到了戴尔通过微博获得的总的销售业绩。

shanegriggs Going to buy a new home laptop for wife. HP or Dell? Others?

通过 TweetCaster　约9小时前

备注：这条微博说的是用户发微博问，准备为妻子买台电脑，是惠普，还是戴尔好呢？

3. 营销现状

（1）竞争对手开始重视微博营销，并加入到微博平台。

（2）微博上信息混乱、堆积，信息的有效性下降。

（3）很多企业都将微博作为单向推广渠道，并发送过多的推广信息。其实通过微博向用户滥发信息会使用户取消对你的关注，企业的微博营销也会陷入一个恶性循环。

4. 操作技巧

（1）微博账号多样化策略。戴尔确定了一个微博的多样化战略，即不仅限于一个账号。它们通过以下方式满足不同人群的需要，并和用户进行交流。

● 如果你只是想找打折信息，可以关注@DellOutlet。

● 如果你只想了解戴尔的突发新闻，便可以关注@Direct2Dell。

● 为了市场推广的需要，大量的戴尔员工活跃在微博平台上，为对戴尔感兴趣的用户提供纯粹的市场销售信息，吸引竞争对手的用户。

（2）给粉丝想要的信息。戴尔在实际操作中关注每条信息的质量，不滥发信息，但会给粉丝想要的，比如促销信息、秒杀，并以用户能够接受的表达方式进行。

（3）社会化媒体营销战略驱动。戴尔的社会化媒体营销主要可以分为 4 个方面：

- 商务网站与社会化媒体内容的整合。
- 建立戴尔社区。
- 与外部社区合作，包括 Facebook、Orkut、Twitter、Flickr 等常见的社会化媒体网站。
- 鼓励普通员工加入社会化媒体。

5. 绩效考核

微博营销是一个耗时间、耗人力的事情，那么作为市场营销的一个活动，其 ROI 就备受关注。一份资料报道了戴尔对微博平台的考核情况：对于微博平台的考核准则分为短期和中长期两种。短期来讲，考核准则为发帖的数量和质量、粉丝人数、评价、参与度、账号的整体影响力以及微博带来的业务量。中期来看，则需要衡量微博是否帮助戴尔改进了在网上的声誉。从长远来说，戴尔很关注这个平台是否能帮助公司和用户更好地沟通，为用户更好地服务，是否能帮助戴尔实现整体业务目标。

小结：微博营销直接效果的监测可以通过添加网页监测代码后统计的订单，也可以通过软性推广活动的订单，如吸引竞争对手的用户，挖掘潜在的购买者获得的订单。这些仅仅是直接的销售业绩，对于中长期的影响和考核，同样需要纳入考虑。

第 *8* 章
社会化媒体营销格局与趋势

■ 社会化媒体营销的 7 个发展趋势

■ 社会化媒体营销的应用

■ Web 2.0 环境下企业品牌与个人品牌的博弈

■ 实例分析：国外行业公司的生存状态

社会化媒体营销的 7 个发展趋势

从微博的风云变幻到移动互联网的暗潮汹涌，正在助推企业转型。这里笔者对社会化媒体发展趋势作一个梳理。

1. 社交网络走向深度融合（官网）

品牌企业将不再仅仅满足于在微博上开设账户，在开心网、人人网上弄个粉丝群。聪明的企业将关注社会化媒体平台上的资产，利用平台开放的条件，打通官网和社交平台，使用 Connect、API 等技术实现内容及粉丝的相互循环。下图是京东商城的登录界面，可以通过 QQ、网易、人人网、新浪微博、开心网、豆瓣等账户进行登录。

品牌企业可以将社交网络平台上的内容作抓取并进行处理，集中体现在企业的官网及产品宣传页面，通过真实用户的评论获得有销售力的用户评论内容。典型案例可以参考 Levis。只有想明白什么是社群营销才算学会了社会化媒体营销。

如果仅仅把社会化媒体当成媒体发布渠道，则有点傻瓜行为，用户不买这个账，他们需要的是对话，和品牌建立类似朋友间的那种关系。傻乎乎的发广告，品牌就会显得有点 2！

2. 品牌企业积极构建 Social CRM

Social CRM 已经过了概念期，那些笨笨的软件企业还把它当做新概念兜售给企业。不懂社会学，不懂市场运营，不懂客户服务，不懂电子商务，不懂网络分析（WA），不懂企业新媒体战略，其实根本谈不上 Social CRM。不妨都可以将其列为"骗子"，甚至"讹诈"。

随着社会化媒体的兴起，企业需要和客户进行互动，在互动中传递价值。BBS时代企业失去和网民互动的工具，Social CRM 将催生企业整合处理网络层面的用户对话，尤其是以微博为代表的社会化媒体。

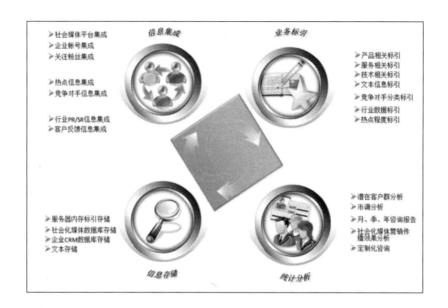

企业需要将 Social CRM 和既有的客户服务系统及内部的 ERP 等打通，将企业的内容资源和社会化媒体上的网民直接对接。未来几年企业会更加关注用户的分析，网民客户关系管理，相对应的市场广告费用将减少。

3. 网民要打包

社会化媒体给了网民一个很好的机会和平台与企业进行交流，给出反馈。聪明的企业也会很愿意在社交网络平台给用户以帮助，制造话题，构建和谐关系。社会化媒体上的用户会把自己出现的所有问题和困惑抛给企业，不论是客户服务，售后服务，售前服务，还是人力资源方面等，企业只有接招的份儿。社会化媒体的团队需要形形色色的人，仅靠市场部、公关部是满足不了品牌的客户、潜在客户需求。

我们需要把社会化媒体渠道变成一个超级牛的服务渠道，那么，相关组织、人员及运营机制都需要做好准备。

4. 社会化电子商务将飙升

社会化媒体与生俱来的特性让电子商务不经意间融合到其中，从而构建起一个和谐的虚拟社会形态。Social commerce 区别于传统的电子商务，美其名曰：电子商务 2.0。不论是百思买将"网店"开到 Facebook，还是必胜客通过 Facebook 的 API 开发了 The hut，都获得了非同寻常的效果。其中 The hut 的组件已经给必胜客带来了 10 亿美金的销售订单。社会化电子商务的商业逻辑非常简单：将商品摆到人多的地方去销售，现在哪里人多？显然，新浪微博及社交网络已自然而然地形成了一个买卖集散地。例如马来西亚航空利用 Facebook 开发的订票应用，用户只需要在社会化媒体上即可完成电子商务，大大方便了用户。

有两个社会化电子商务的核心点需引起注意：一是朋友之间的推荐及购买信息，可提高其可信度，二是企业如何平衡商业和社交的度是个挑战，不可太赤裸裸。

5. 社会化媒体预算持续增加

2012 年企业在社会化媒体上的投入有跨越式的增长，那些预算增长幅度不大的企业都应该是一种落伍，更别提维持不变或减少预算的企业。

不同企业在社会化媒体上的预算需要关注以下几个点：第一、企业的用户在社会化媒体上是否活跃，比例如何？第二、品牌营销的战略规划所处的阶段，是产品的曝光，品牌的知名度，还是品牌的美誉度，客户忠诚度计划；第三、着眼未来，应对未来变化。

社会化媒体的预算分为内部的改革（软件及人员等）及费用、外部的活动策划、社会化媒体服务费用等。只有内容转起来的社会化企业才有未来，外在的社会化活动需要内部资源及人力支持，否则最多是空中楼阁而已。

6. 内容营销将异军突起

笔者将内容营销比喻成为社会化媒体营销的一把匕首。内容营销是一种新出现的系统营销策略，主要考虑如何更好地利用既有的网络工具来宣传销售产品。网络允许企业和品牌来展示其专业知识和思想领袖的内容，减少与客户的摩擦和信息的不对称，但通过不同的媒体渠道可向病毒一样传播。笔者旗下的携手互动（Hand in hand）营销公司已经为多家企业量身定做了内容营销的战略和策略制定，根据反馈的效果来看非常明显。用一句话来形容其效果更恰当，即"随风潜入夜，润物细无声"。内容营销是源自分享和协助及从给予客户答案的角度来向消费者传递信息，传统的营销方式更多的是通过打断用户思考、视觉和听觉来硬性传递产品信息。内容营销是从提供优秀和有价值的信息来驱动消费者的购买及认知行为，可以更好地保留客户，提高品牌忠诚度。

你需要拿出预算来用作社会化媒体上的内容创作及传播。当你发现某些企业将广告停播转而创造内容来做营销时，不必惊讶，他正走在康庄大道上。

7. 移动互联网和社会化媒体双剑合并

随着智能手机的渗入，mobile+social 这两把尖刀将直插品牌传播的核心靶子。移动互联网时代更强调的是即时性，不限地址。用户通过手机可以将当下正在发生的事情做直播。如果仅仅是在现场直播还不行，还需要社交网络平台上那群等着看热闹的人参与。接下来如何将两者融合在一起将成为企业切实去解决的问题。

这里涉及的内容可能是：第一、移动 APP 如何更具社会化，社交功能；第二、线上线下活动的整合 O2O 的共振；第三、手机在整合营销传播中承上启下作用的发挥。

社会化媒体营销的应用

《哈佛商业评论》针对 2000 多家企业作了有关社会化媒体应用方面的调研，话题主要涉及企业使用社会化媒体的反馈，如何看待社会化媒体营销的表现和评估，是否将社会化媒体营销整合到整个企业的战略中去，社会化媒体的投入和财务预算的问题。最终形成报告《新对话：从讨论社会化媒体到采取行动》（The New Conversation: Taking Social Media from Talk to Action）。从中可以看出，许多企业依然处在社会化媒体的摸索阶段，离成熟还有一段路要走。至于中国的情况，更是处于起步阶段。

我们发现：

- 参与调研的 75%的企业竟不知道最有价值用户（most valuable customers）在哪里讨论他们。
- 使用社会化媒体分析工具（social media analytics tools）的还不足 1/4。
- 仅有 7% 的企业将社会化媒体与其他的营销活动进行整合，从战略和持续运营的角度应用社会化媒体。这些企业开始尝试将社会化媒体与 CRM、商业智能系统结合，社会化媒体与线下促销、电视广告等结合。
- 31% 的受访企业对社会化媒体的效果不作监测、评估。
- 参与调研的 12% 的企业表示它们现在可以游刃有余地使用社会化媒体。

据笔者观察，企业都是在用较小的预算来做尝试，并没有非常具体的目标，更大的预算需要回报支撑投入，如其他公司成功的案例，或者之前较小投入带来的效果。在社会化媒体应用产业链上的人会以减少风险为第一出发点，较多优秀的案例都是在有限的基础上进行一定的创新带来的。

从对社会化媒体的态度来看，大多数企业都表达了积极的一面，69%的受访企业选择了"the use of social media going up significantly in their organizations"这项，认可社会化媒体未来会给企业带来冲击。

报告显示，参与调查的 2000 多家企业，每个平均参与 3 个社会化媒体的平台（On average organizations are using 3 different social media channels），其中基本的组合是社交网络和博客，外加视频（多媒体平台）或者微博平台。

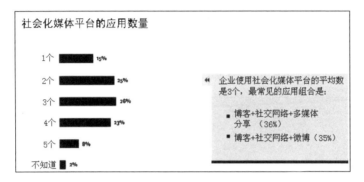

注：数据来源 SAS，分析企业使用社会化媒体平台的数量，其中大部分集中在 2~4 个社会化媒体平台。

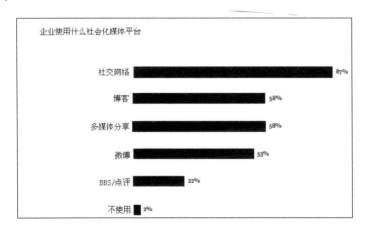

注：数据来源 SAS，企业正在使用的社会化媒体平台的，其中社交网络、博客、多媒体分享、微博等占较高比重。

　　其中有 1/4 的企业表示它们并没有使用社会化媒体而且并不打算使用这些平台。笔者认为这个也容易理解，这和许多企业不使用电视、广播等平台一样。不使用社会化媒体是一个复杂的问题，涉及到多个方面。如果所有企业都参与进来，社会化媒体营销将会是一片红海。

　　在企业中哪个部门对社会化媒体的战略负责？从常规来看，应该是市场部门和公关部门，这一点在报告中得到了相关数据的支撑，其中市场部以 69%高居榜首，而类似 IT 技术部门，销售、客户服务等部门也有相当的比例。其实从这个数据中也可以解读出高层对社会化媒体的认识和中国不少企业的情况相同。让 IT 部门负责社会化媒体，它们可以开发个 SNS 社区、BBS，但是对营销和社会化媒体应该是小白级别。

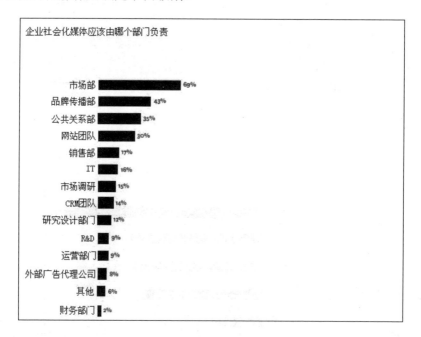

　　注：数据来源 SAS，给出企业社会化媒体应该由哪个部门负责的列表，大部分的受访者认为应该由市场部、公关关系部来负责社会化媒体营销。

　　从国外的经验来看，许多企业已经开始意识到社会化媒体对运营的冲击和挑战，并着手做一些尝试。笔者认为社会化媒体在接触潜在用户、创建企业粉丝群组、与用户对话等方面，在未来将深度变革企业运营。

Web 2.0 环境下
企业品牌与个人品牌的博弈

我们从一个小故事说起：在美国有一家小的咨询公司，由于刚成立不久、公司规模小等原因，在咨询圈内默默无闻。后来公司招聘来几个圈内很有名的博主（意见领袖），这位员工在他的博客、微博上注明在这家公司工作，在出席行业论坛时，会介绍他服务的这家咨询公司。这个时候是利用个人品牌的力量去拉升企业品牌，但毕竟一个人的影响力有限，后来这家企业号召企业的咨询人员都到互联网中去，到社会的论坛活动中去。一年后这家企业迅速成长为咨询行业的新秀和引领 Web 2.0 创新营销的旗帜。

从这个案例中我们看到，企业可以利用员工或领导人的个人品牌影响力来拉升企业的品牌形象。这样的案例在国内也屡见不鲜，比如易中天与厦门大学的关系。大学也需要品牌，如果厦门大学多出几个名师，那么在高考招生中会吸引到许多优秀的学生，在这个信息爆炸的时代，大学也需要发出自己的魅力之光。

如果一个人只考虑自己的个人品牌，则没有企业会雇用这种自私的员工；但是如果你仅仅考虑公司的品牌，那么个人就显得很脆弱，如果未来企业关门，你也会遭受重大损失。我们需要比较分析，马云和阿里巴巴，任志强和华远地产，宋山木和山木培训，他们代表了三种不同类型：马云和阿里巴巴名气基本持平，相得益彰；任志强和华远的关系不大，任志强不讲华远的业绩，天天讲他自己的理论，对华远无意义；宋山木的个人品牌直接导致企业遭受沉重打击。可以说如何平衡个人品牌和企业品牌是个富有挑战的选择。

作为企业，如何管理员工的个人品牌和商业价值呢？一方面我们要调动员工参与社会化媒体的积极性，另一方面要获得企业的商业价值。为此我们需要：

（1）提供聚合员工的渠道平台。我们发现 Zappos 将员工的微博账户整合为 Twitter aggregation channel，微软官网上将员工开设的博客地址整理为 http://www.microsoft.com/communities/blogs/portalhome.mspx，英特尔将员工的博客收录在 http://blogs.intel.com/。

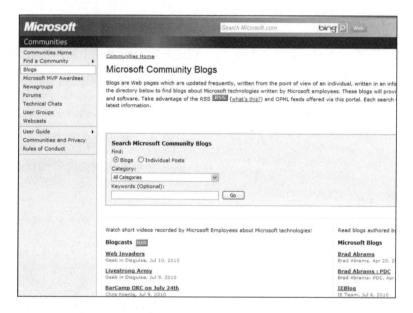

备注： 微软官方网站为员工博客开设的入口，构建社群影响力集合。

　微思考：

国内有哪些企业将员工的博客、微博账户进行整理、对外公布？类似阿里巴巴集团，有那么多员工活跃在互联网圈中，企业为什么不将这些散开的个人"微品牌"进行整合？企业可以将自己的社会化媒体参与渠道列表出来。

（2）制定社会化媒体的奖励措施，不给员工强加社会化媒体方面的工作。企业可以引导活跃的员工参与到社会化媒体中，将员工的力量整合起来全力支持企业品牌，同时也需要展示员工的个人品性。笔者一直认为社会化媒体是一种乐趣而不是一种任务，如果企业强加压力给员工去参与社会化媒体对话，那将不是明智的选择，除非是专门负责企业社会化媒体营销的专业人员。

（3）适度地推荐企业。我们为什么要整合员工的社会化媒体账户？就是要发挥员工在圈内的影响力。如果我们将员工的博客都收集过来，却发现全部是私人描述，和企业没有一点关系，至多说明企业员工爱好广泛，对企业品牌无特别大的价值。为此我们应该号召一种文化：员工在合适的时候提起服务的公司、产品或者企业服务。正如总编老沉、封新城、陈朝华可以号召手下编辑在互联网活动中向企业靠拢一样。但此处笔者并不号召大家变相成为水军教头，到处灌水，迷惑大众。

如果你爱你的工作，爱你的企业，那么你就会在社会化媒体环境下有意无意地提起它，刻意的宣传不符合新营销的精神内核。

实例分析：国外行业公司的生存状态

当前国内以社会化媒体营销作为主营业务的公司有多家，大致有代理公司部门转型类、微博营销服务类及水军上岸类。这些公司并没有抓住问题的核心：社会化媒体营销的方法论和科学性。我们可以从分析国外的社会化媒体营销公司入手，探寻其生存业态。

在国外，社会化媒体营销也是比较新的概念，仅仅以社会化媒体营销作为其全部业务的都是新公司。当然还有广告代理商及网络公司经营社会化媒体营销业务。目前其公司业态大体可分为以下两种：

- 目标明确的社会化媒体营销公司

- 网络营销公司+社会化媒体营销业务

一、广告代理商的社会化媒体及服务

Radian6 总结了以下内容广告代理商可向客户提供的社会化服务。

1. 行业洞察：挖掘社会化媒体机遇

广告代理商以社会化媒体衡量标准来为客户做 SWOT 分析，以明确产品服务的发展机遇、合适的市场定位、扩展壮大的潜在影响因素以及可采用的传播渠道。

2. 优势评估：分析整体行业环境

通过倾听工具来分析客户通过社会化渠道传播的内容获得了怎样的热议度，相关度审计工具可以帮助客户回答以下问题：你与社群的相关度如何？你的内容相关度如何，是否能引起受众共鸣？在你的目标受众中如今的网络流行语有哪些？你是以他们习惯的用语还是企业官方口吻发布内容？你的受众最常接触哪种传播渠道？哪类行业人员参与对话最多？在你的目标受众中，最流行的主题趋势是什么？

3. 社会化业务转换策略：帮助客户转型

每个行业在经历了一段时间后都会有所转变，社会化代理商通过社会化倾听分析工具来为客户制作月报和季报，让客户及时掌握行业内的热点变迁及其对业务的影响。

4. 社群规模分析：你在和谁共事工作

社群规模分析工具能确定你的在线拥护者和行业意见领袖有哪些，并且了解他们是如何帮助你的品牌完成社会化目标的。

5. 社会化衡量中心：明确重要因素

社会化媒体不能仅仅以数字衡量，比如许多有价值的信息，包括反馈、评价、倾向和洞察。挖掘这些价值信息通常需要一定的时间，而时间正是客户所欠缺的。若能提供衡量的核心要素以及调研洞察，将能在社会化媒体上与客户进行更多的互动。

6. 品牌拟人化：柔化官方用语

没有面对面的直接接触，人们在线交流时就要借助于语调、风格和语言。当客户要求你在他们的微博上发布一篇新闻稿，你就能体会到这点了。微博的用户一般对新闻稿不感兴趣，如果仅仅是在社会化媒体渠道上发布公司的新闻动态，并不能获得关注度和粉丝拥护。

7. 文化转换：植入社会化 DNA

要做社会化营销，客户高级管理层需要将社会化 DNA 植入到企业文化中，使公司业务向社会化业务进行转变。管理层变得社会化，更有助于企业在社会化媒体上取得长期的成功。

8. 分散式品牌架构：学会赚媒体

成功运营社会化媒体的品牌都懂得一个道理，社会化媒体能刺激有关品牌的相关对话，通过一定时间能赚到更多的传播量。品牌不可能听取每一个在线品牌的意见，但同时也欢迎负面评论，以便能阻止其扩散爆发。

9. 合作性创新流程设计：鼓励顾客更多反馈意见

你知道星巴克咖啡杯上的一个防漏设计是来自一个顾客在 MyStarbucksIdea 上的发帖吗？代理商可以向客户提供类似的服务，创立并管理一个平台，以收集顾客对于客户产品的改进意见。

10. 营销花费转移策划

有时候客户找上代理商是因为他们想减少对传统媒体的过度依赖。你可以在社会化媒体广告服务或博客上面花费一些资金，也能取得不错的效果。

11. 挖掘人脉关系：更好地使用身边的信息

挖掘人脉关系工具能帮助客户和雇员通过使用社会化媒体来发掘新的人脉关系。当你只要点击鼠标就能知道营销部的谁和你想接触的人一起上学时，你还需要一直发邮件来建立关系吗？

12. 搭建网络知名度：发挥员工的力量

每个组织都有一个成型的关系网来散布信息，它就是员工群体，通过社会化媒体员工能对外传播大量信息。有些公司并没有充分挖掘员工的价值，可能是因为公司不信任员工的在线行为，也可能是因为他们没有好好培训员工。

13. 互动参与指南：明确对话流的定义

在社会化媒体平台的评论、电子邮件和电话众多渠道中，社区管理的一大难点就在于定下流程开始操作。这就是为什么每个参与社会化媒体的客户都需要有一本互动参与指南，它能为大家答疑解惑，为团队标准化互动参与流程，指出要在什么时候、什么地点、怎样以及对谁进行对话的实时回应。

14. 举办实时活动

倾听平台能让代理商了解实时发展的最新事件和流行文化，因此你可以举办创意性的实时活动来营造影响力。因为舆论发展难以预测，所以实时活动发展与部署要随机应变，只有在效果最好的时候才能使用。

15. 社群管理

代理商代表客户搭建一个社区/社群是否合适引来了很多争议，有些人认为社群管理不应该外包给代理商，另一些人认为社群管理的一些元素可以外包，比如监控、常规对话回复。

16. 社会化内容策略

社会化内容策略明确了统一的个性（语调、语气、语言），使客户与竞争对手形成差异。社会化内容策略的一大要点在于纵向化发展，就是针对特定行业创造定制的内容。同时对于目标群体进行传播，确定高质内容的创作人，内容何时并如何需要优化且发布，就像是所有内容营销的指南针。

17. 编辑策划及内容编排

一旦社会化内容策略制定形成，你需要计划一下如何去除 Facebook 新闻订阅和客户博客上多余的内容。你要了解客户需要创作哪些内容以完成社会化媒体目标，内容是否能引起关注以提升品牌知名度，引发大众讨论与思考等等。

18. 社会化 CRM：顾客数据收集及关系管理

社会化客户关系管理是客户关系管理的进化形式，顾客在微博上发布自己的喜好，在其他社会化媒体平台上分享自己的品牌喜好，社会化 CRM 就能捕捉这些数据，创建一个完整的顾客档案，更好地了解顾客意味着你可以提升营销信息的相关度，并能提供更好的顾客服务。

二、社会化媒体营销公司提供的服务

1. Ignite Social Media 公司业务形态，明确的社会化媒体营销公司

正如公司的介绍所说：Ignite Social Mediais one of the first agencies in the world to take a holistic approach to using social media tactics, techniques, networks, and tools for corporate marketing（Ignite Social Media 是最早一批企业聚焦社会化媒体营销服务，利用社会化媒体、策略、工具进行系统化思考，标

219

称自己是全球第一批专注于社会化媒体的营销公司）。虽然具体数据无从考察，不过笔者很欣赏公司的专注精神。

该公司所提供的服务有：

- 创建社会化应对战略（Creating Social Strategy）
- 使用社会化媒体（Applying Social Media）
- 管理社会化媒体身份（Managing Social Identity）

其中创建社会化媒体营销战略方面，公司强调了和广告主一起结合企业的市场、品牌、公关活动来做社会化媒体营销，这点值得称道。在制定战略时也会关注ROI等问题。在进入社会化媒体中提到其将为公司在以下媒体和工具上进行相关的操作和营销：

- 博客（Blogs）
- 在线调查（Online Surveys）
- 网络视频（Online Videos）
- 音频（Podcasts）
- 社交网络（Social Networks）
- 插件（Widgets）

社会化媒体的工具也是一个动态的过程，需要我们时刻把握，之前文章中有比较系统的分类。在此列出了笔者的分类，供大家参考。其中讲到社会化媒体身份管理中提供的服务有以下3个部分：

- SMO/SEO优化服务（Social Media and Search Engine Optimization）。
- 品牌监控/口碑监控（Reputation Monitoring）。
- 账户管理和创建服务（Social Media Profile Creation and Management）。

可以看出，品牌口碑监测确实是社会化媒体营销中一个重要的环节，企业需要时刻监控网络上对于品牌和公司的言论和问题。

2. 网络营销公司+社会化媒体营销业务

由于社会化媒体营销活动的快速增长，许多数字化媒体营销公司组建了社会化媒体营销团队，有的公司则提供搜索引擎营销加社会化媒体营销等营销服务。不过我们更多关注的是社会化媒体营销服务的内容和业态，比如 Search & Social 公司（http://www.searchandsocial.com/）的服务内容有：点击付费营销（PPC）、口碑营销管理、社会化媒体营销、内容制作、视频搜索、搜索引擎优化、关键词研究、网站审计、电话呼入监测。

可以看出，这是一个大杂烩的内容服务提供商，不过我们可以从其提供的业务中提炼出一些目前社会化媒体营销的业态。社会化媒体营销是一种整合多种手段的营销，比如 Room214 社会化媒体营销公司。公司宣传页面以及提供的社会化媒体营销服务内容有：

- 社会化媒体营销（Social Media Marketing.）
- 口碑营销（Word of Mouth / Influencer Outreach）
- 搜索引擎优化/搜索引擎营销（SEO Services / Search Engine Marketing）
- 社交网络应用（Social Networking Applications）
- 社会化媒体监控（Social Media Monitoring）

在此，我们可以了解到一些国外社会化媒体公司的运作，要强调的是有关口碑、品牌监控的软件和服务。笔者相信社会化媒体营销将在企业市场营销中占据重要一席。

微 博 语 录

　　碎片化时代，微博是记录思考、观点的有利武器。现将笔者的微博@唐兴通，做一个整理，看似闲言碎语，其隐现的主线是社会化媒体营销、数字营销、电子商务、移动互联网应用。

　　【案宗】从情报学角度看，1.翻翻微博上关注的人：排在越靠后的，他们之间关系越接近"线下认识"，比如第一个关注的人……2.一个大 V，如@李开复，他关注的人但粉丝不多，或者没 V，这可能就是开复的线下来往好友；3.关系：看看和账号互动的频次和内容，可挖掘他与他之间的关系　你发现了微博的秘密吗？

　　【出卖】你的用户名可能出卖你！　有心跟踪网民留在不同网站上的用户名，进行综合梳理，建立档案可勾勒出"网民具象"！如把你的论坛 ID+微博 ID+卓越网 ID 地址+邮件 ID+其他地方使用过的相同 ID 整理，可以跟踪你上网这么多年做过什么事情。你的用户名越个性，档案就越清晰！不得已，人一般不会更换网名。

　　【社交悖论】　社交网络悖论是妮娜·科斯拉（Nina Khosla）提出的：社交网络规模越来越大，用户好友越来越多，但用户间的交流愈加减少，社交能力变低。社交网络具有自我调节功能，群组从几个人到几十人，再到上百人，到分拆。

　　【微博】　微博是信息筛选器；在微博上你收到的信息都是别人筛选过的，因为他觉得值得书写或者转发。换言之，你关注的人决定了你视野的宽度。这个特性导致微博成为一个信息过滤与筛选系统，不过这个筛选系统现在呈现出数据膨胀，未来基于 semantic 的数据清洗、排序推荐将有大市场。

【趋势】你想到什么？戴尔每年与客户进行近 200 万次互动，每天进行 4000 多次关于戴尔在线交谈。有来自 62 个国家和地区的超过 10 万名客户在 Dell. Com 上对产品进行打分和评价，超过 14 000 个客户想法被集中起来，而 IdeaStorm 上的客户想法被宣传超过 70 万次。由戴尔客户创造且已经被接受的解决方案超过 1 万种

【营销组合】 未来做一个营销人会越来越辛苦。预算不会增加，但有更多地方需要分配，电视、报纸、杂志、网络，网络还有门户和搜索、微博和社交网络，怎么花更精准，如何组合效果更好，都要仔细谋划。命脉：在于了解然后再利用合适的平台挖掘并满足消费者的需求，做有效的沟通；营销人，你要多尝试。

营销组合和预计的销售额

营销组合编号	价格（P）	广告（A）	促销（S）	销售（Q）
1	$ 16	$10 000	$10 000	12 400
2	16	10 000	50 000	18 500
3	16	50 000	10 000	15 100
4	16	50 000	50 000	22 600
5	24	10 000	10 000	5 500
6	24	10 000	50 000	8 200
7	24	50 000	10 000	6 700
8	24	50 000	50 000	10 000

【Social Commerce】 社区化商务模式可解决两大一直困扰电商企业的核心业务问题：客户获取成本奇高，客户转化和保留率极低。社区化商务是破坏性革命，对以往的电子商务模式造成了生存威胁。社区化商务加强了购物者的零售体验，使口碑的力量真正转变成销售的力量。

【变革】 电子商务网站"广告-流量-转化销售"的模式已沿袭多年。通过大量购买流量和投放广告来吸引用户，以低价战略来争夺用户，是电子商务最为基础的生存手段。没有用户基础，电商连生存都难，只能硬着头皮打广告。但吸引过来的"眼球"如何存储起来？Social Commerce 式的战略思维是电商运营的未来。

【购买决策】 我们是不是给消费者的选择太多？是不是这些选择还不够精彩，造成消费决策的困难？（用户在线购买决策是如何做出的？）Groupon 的特点在于模式的简单、干净和令人兴奋。电子商务要做到简单、快乐、新鲜、粘性足且每天都有期待。网上生意落脚点还是人性。

【产品】 未来互联网产品开发有两个思路：1. 做平台，聚人；2.做应用，APP；都是借平台人气。原来做产品经理、产品开发往往关注信息流、资金流、物流，未来的灵魂是"人"。

【论道】 赛斯·高丁（Seth Godin）谈社会化媒体营销策略：在社会化媒体上加大营销投入，产生流量、积累和聚合粉丝；以个性的、智慧的、生动的方式进行持续互动；粉丝自发对品牌产生兴趣和讨论，口碑的力量得以放大。掌握社会化媒体环境下的营销技巧，关乎企业的核心竞争力。

【内容】 内容 VS 联系 VS 社区：如果说内容为王，那联系（Connections）称得上王后，而社区将是把控虚拟世界的法庭。内容只有融合到社区才有意义。

【新趋势】社交网络 2.0：从熟人圈子到地理位置兴趣社交。新型社交网络不再像 Facebook 那样依靠熟人构建自己的人际圈，而是基于地理位置发现身边兴趣的相投者，接着构建自己的社交网络。国内有陌陌、简简单单、微信，海外有 Holler、Mingle、igobubble，移动社交=未来。

【观点】社交网络将是一次伟大的革命，让网上世界在追赶我们的网下世界。未来两个世界的融合将给商业、社会带来超乎想象的影响。一些具有前瞻性的公司已试图打通这两个世界之间的联系。社交网络尚在起步阶段，但其影响将大大超出人们最大胆的想象。埃森哲（accenture）的观点"社交网站将彻底改变公司业务"。

【谣言】抢盐，日本地震让政府领教了谣言的"魅力"，美国社会学家奥尔波特和波斯特曼总结关于谣言的公式：R＝I×A。其中，R 是 Rumour，"谣言"；I 是 Important，"重要"；A 是 Ambiguous，"含糊"。一件事之所以引起谣言，说明它有一定的重要性和含糊性，信息不确定性越大，谣言滋生传播的空间就越大。

【方正】给北大方正集团做了个演讲——《医疗医药行业的新媒体营销》，如之前在招商银行演讲一样，发现中国的金融业、医药行业正处在一个微妙的变革阶段，变革力是 80 后这一代，几年后将成为社会主力军。他们会帮孩儿、父母选择医疗服务，他们做出购买决策（网络），他们更喜欢网络银行，不去线下支行。

【战略】未来电商发展之路将更加聚焦 social +mobile；社会化不是口号，不是噱头，我个人更相信其未来；无线电商其实也在眼前；信息的流动、信息的组织、信息的价值、人流、资金流、信息社会等就这么纠结在一起。

【B2B 营销】之前许多 B2B 企业问：B2B 要不要搞网络营销，以为采购商固定，客户就那么多，搞微博营销、新营销不需要，其实未必。下图是海外的一份报告，要不要做，核心问题是投入产出比是否划得来。

【赢利点】 Facebook 估值 1000 亿美金，未来它如何赚钱？美国金融集团 Trefis 对 Facebook 进行了盈利分析，Facebook Text & Display Ads、Credits on Games & Applications 和 eCommerce 共占了 87.9%，它们是未来 Facebook 营收和利润的重要来源，其中广告、营销服务以 60%高居榜首，接下是社交支付、APP、电子商务……

【即时广告】ClickZ 报道，Facebook 日前证实他们正在测试基于用户状态更新的实时针对性广告功能。比如说，用户更新状态说："妈妈，我今晚想吃比萨饼"，那么该用户很快就会看到来自必胜客、棒约翰等比萨店的优惠券广告。广告是否具有针对性取决于算法的质量，社交网络的秘密武器：用户的 profile+SNS。

【女人】得女人者得天下。Comscore 最近公布数据，女性花在社交网站上的时间是男性的 30 多倍，电子商务如 Zappos、Groupon 等网站的绝大部分收入来自于女性，后者女性客户多达 77%。Facebook 的 COO 桑伯格也称，不足 50% 的女性用户发布了 62% 的消息、更新和评论。

【相关性】社交网络中兴趣图谱（Interest Graph）对社交图谱（Social Graph）的补充会变得越来越重要。Facebook、Twitter 和 Google 等已开始进行"相关性"（Relevance）内容推送。未来这个领域会更加热门。下图展示了在线信息获取的发展过程（搜索主导-个性化推送-个性化的意外收获）。

【新营销】 电商新营销未来最大的突破将表现在客户转化和保留方面。传统电商网站注重的是登陆页的优化、购物流程的简化以及提供相关的内容，如产品规格、照片、用户评价，以帮助消费者进行决策。未来电商需要注入额外的元素：趣味性。比如秒杀、限时、限量促销及产品背后的故事性等。

【微博】企业微博运营策略：1.傻帽的企业思考模式是 1:N，即企业自身来应

227

对 N 多粉丝，让话题、讨论都是企业 PK 粉丝；2.聪明的企业应该是开个派对，让企业的粉丝大家自己讨论，企业做服务工作；3.有点痴呆的企业是等等再说……你说呢。

【数字营销】中肯的建议：1.要真正懂你的用户；2.熟悉新的新媒体平台；3.选择好的战略；4.时刻关注竞争对手的行动；5.开放心态；6.整合多触点传播；7.过程中保持监督、评估；8.回归常识。

【碎片营销】1.企业营销碎片化后，365 天都在营销 2.社会化媒体促进 agency 改革；3.新营销策略是 today-brand；tomorrow-sales；4.品牌理想，品牌气质，普世的品牌价值传播；5.社交网络中对话的质量；6.社会化媒体营销成功不可复制。

【价格论】价格只是消费者在购买产品时考虑的众多因素中的一个，他们还会考虑对零售商的信任度、零售商商品的花色品种以及以前的购买体验。即使在消费电子设备等竞争最为激烈的产品类别中，零售商也可以把目光投向价格之外，积极地塑造它们提供的价值感受。生意拼到只有价格战将是不健康的。

消费者在决定是否购买产品时，考虑的事情远不仅仅只是价格。

与钱的价值感受有关，占受访者的百分比

		说明
价格	24	• 一般来讲，与其他地方相比，一贯性地提供更好的价格 • 不时地提供极低的价格
体验	17	• 我可以轻松地找到我想要的产品 • 这家零售商对我购物最方便
信任	17	• 我了解且信任这家零售商 • 他们销售的产品的质量总是好的
花色品种	12	• 价格和质量挑选范围大
退货政策	12	• 退货政策和流程合理而且易于遵循
产品研究	11	• 零售商让查找产品信息和进行产品研究变得容易
送货价格	4	• 送货价格合理
忠诚度	3	• 有一个忠诚计划能让我真正获得有价值的奖励

资料来源：麦肯锡2010年第4季度就多渠道定价对6,000名美国消费者的调查和对20家零售商1,100多种商品的价格调研。

weibo.com/along5418

【虚拟社区】朋友咨询：Second life 当年概念很火，为什么歇菜？有观点认为其太超前……我的看法：Second life 游戏机制没有拉上线下的关系，仅是角色扮演（Role-playing），其不是未来，社交游戏（social game）的社交机制是魂。

【微博赢利】曹国伟谈微博盈利：交互广告，社交游戏，电子商务，实时搜索，无线增值；坊间传言微博将推：1.品牌主页（类似 Facebook Fanpage）；2.微博的 SNS 化（开始变重）；3.微博的虚拟礼品，支付；4.电子商务。碍于新浪的技术薄弱，在交互广告、社交广告等方面还需时日。

【体验经济】体验经济中企业不再生产商品，企业成为舞台的提供者，在他们精心制作的舞台上，消费者开始自己的唯一的值得回忆的表演。在一段时间内企业向用户提供的独特的体验，消费者也愿意为体验多付费，而不是产品、商品、服务。将感觉兜售给用户，你尝试过没有？

【体验】生命中最美好的东西并非商品而是体验，如何设计你的品牌体验和购物体验？使产品感知化（如汽车的关门声更舒服、摸起来沙沙的感觉、味道刺激），将商品嵌入体验品牌之中（哈雷摩托）；还是提供娱乐化，地点、时间记忆化（悬崖餐厅，黑夜餐厅，911 话吧）……需要独特的体验与回忆。

【预期】最近在琢磨"预期管理"一词，改变客户的预期、把握员工的预期、理解家人的预期等；最好不要将预期吊的太高、挂的太远；有时候不是企业（电商）或者个人做的不好，而是他们对你的预期两者没有很好 match（匹配）！

【零售学】传统零售关注的问题：如何满足快速购物；通道设计（人流）；顾客购买关键瞬间；店内顾客流动模式（顾客习惯从右边入口进入商店，后逆时针方向绕商店一周）；畅销商品的管理；长尾商品的排架；主动零售的技巧……电子商务的本质是销售，建议创业者别天天尽倒腾技术，别忘记产品本质是对人的理解。

【消费行为】顾客投入购物的成本：金钱、时间和焦虑；产出有：1.购买，

2.满足；电商模型设计中，不能为了增加顾客购物篮的分量而把他们长时间留在网站上，我们需要以更快的速度把更多的商品放进顾客的购物篮。海外在零售圈有个指标：顾客每花1美元所需的时间系数。电商企业，你注意它了吗？

【区别】不同类型的网民，采取不同的必杀绝招。

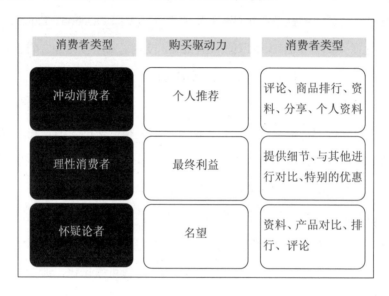

消费者类型	购买驱动力	消费者类型
冲动消费者	个人推荐	评论、商品排行、资料、分享、个人资料
理性消费者	最终利益	提供细节、与其他进行对比、特别的优惠
怀疑论者	名望	资料、产品对比、排行、评论

【零售学】传统店面零售顾客的三个关键瞬间：到达，停下，完成购买；顾客在店内很少计算价格；在购物中几乎不看文字说明，但对色彩、形状和图像很敏感；顾客沿水平线查看商品时间多于垂直查看；眼睛支配购物过程；实际挑选商品，选购时间常常只需几秒，挑选和购买是在瞬间发生的。

【传统零售】读《The economist》中传统零售商与网络零售的对决：传统零售商应对网络销售的最直接的措施是，进一步加强网络销售力度，而不是逃避；如何实现线上线下优势结合，引领多渠道销售的概念将是未来主旋律。思路：增加购物的乐趣，学习苹果的体验式购物，纯交易的实体商店已无法打动顾客的心。

【团购网站】团购的本质在于互联网赋予用户极大的权力，团购网站能够集中用户，让他们拥有更强的讨价还价的能力。团购网站通过将用户集中起来，为他们提供一定价值、一些优势。但随着经济逐渐回暖，库存积压的现象逐渐好转，团购供应能力就会下降。商家提供低折扣的意愿度也会降低。团购疯狂是有泡沫。

【优衣库】优衣库在淘宝商城的成功，主要在于它在自己的实体渠道尚未顾及的二三线城市创造出大量的增量需求——凭借自身设计和性价比优势，优衣库通过电商平台的传播，让这些地区的消费者发现不必去那些街边店、批发市场，就可以买到物美价优的品牌货。电子商务在不同领域、分销渠道上角色不同。

【社交网络电商】不同玩法分类。

【移动互联网】最近和团队做移动互联网的商业运营、咨询项目，在 social mobile local 的背景下，其中 Coupon、QR 二维码、O2O 将是未来移动互联网商业模式中不可逾越的敏感地带，不和他们发生关系的移动互联网商业模式是不完善的，可以说移动互联网未来将精彩无限。

【移动互联网】 移动互联网将颠覆许多模式，其灵魂是信息的及时性、地点性。1.手机促销和 LBS 结合，促销的发放，回收，识别；2.无线营销的产品，广告形式的创新；3.mobile tracking（mobileile web 的监测，APP 用户行为监测工具）；4.手机支付，微支付；5.移动互联网网站开发，SEO，导航；6.无线搜索，类似 SEM 的服务。

【移动商业模式】"公园模式"就是把互联网比作一个公园，进公园的时候需要门票，如宽带上网费。进入公园后，大量景点是免费的，如资讯和搜索，但也有一些收费服务，区别在于'量'的不同。桌面互联网上用户付费与广告收入比为 4:6，而移动互联网将会是 6:4，预计产生颠覆性的变化。（也许盈利会更容易）

【移动发展】移动互联网商业模式中需要关注：1.深挖关注地点+SNS 的模式；2.即时手机间的互动（创意+实现手段）；3.全新的：个性化内容消费，个性化服务；4.开放 API 中数据流、现金流的把控；5.手机是人器官的延伸、人其他需求的满足。这一切的地基是：用户体验。

【移动广告】国内的移动广告平台已超过 30 家，根据发展思路可分为 4 类：1.类似 Admob 的，代表：有米、多盟；2.整合 WAP、APP、手机报刊为客户提供服务，代表：百分通联等；3.互联网广告公司，企图整合网络广告、移动广告，代表有：易传媒等；4.走媒体思路，如 Madhouse、苏腾科技等。

【移动营销】移动广告优势在于给力的高点击率和转换率。传统的网页横幅广告的点击率介于 0.02％至 0.05％之间，Bango（著名移动分析平台）最近移动横幅广告可以获得 1％至 3％的平均点击率。点击之后的转化率平均下来也是非移动形式的 5 倍。移动广告展示环境噪音小，提升了广告的影响力。

【移动购物】移动购物应用的思考点：如何基于随时、随地等特性来服务于购物；功能板块涉及：1. 浏览产品；2. 查看折扣，价格对比；3. 提醒功能； 4. 店铺位置；5. 即时问答，评论；6. 实体店活动信息；7.发货信息；8. 优惠券，礼品卡功能……移动互联网商业应用有未来。

【APP】APP 的生命周期及盈利模式：大多数 APP 的生命周期仅为 3 个月，如不借助得力平台推广，再好的 APP，无论是自身价值还是营销价值都极易黯淡和萎缩。在海外，应用开发商自己卖广告占 8%，92%都是由第三方平台来卖广告。APP 盈利模式如果仅按照广告思维模式走，那将是条不归路。

【免费】据 Flurry 研究，2011 年 1 月份和 6 月份苹果商店中收入排名前 100 的应用，发现：1 月份排名前 100 的有 61%的收入来源于付费模式，39%的收入来源于免费增值模式（即免费下载、付费购买增值虚拟货币、道具等）；6 月份，付费模式和免费增值模式的占比变成了 35%和 65%。免费增值模式处于强劲反弹中。

参 考 文 献

【1】安东尼·吉登斯（Anthony Giddens）. 社会学（第6版）（英文版）. 北京：北京大学出版社，2010

【2】戴维·迈尔斯（David G.Myers）. 社会心理学（第8版）. 北京：人民邮电出版社，2006

【3】德尔·I.霍金斯（Del I.Hawkins），戴维 L.马瑟斯博（David L.Mothersbaugh）. 消费者行为学. 北京：机械工业出版社，2011

【4】詹姆斯·索罗维基（James Surowiecki）. 群体的智慧:如何做出最聪明的决策. 北京：中信出版股份有限公司，2010.10

【5】迈克尔·R·所罗门（Michael R. Solomon）. 消费者行为学（第8版）. 北京：中国人民大学出版社，2009

【6】菲利普·鲍尔（Philip Ball）. 预知社会:群体行为的内在法则. 北京：当代中国出版社，2010

【7】David Meerman Scott. 新规则. 北京：机械工业出版社，2011

【8】安·汉德利（Ann Handley）、查普曼（C.C.Chapman）. 内容营销：网络营销的杀手级武器. 北京：电子工业出版社，2011

【9】金苗，《国防部 2.0——美军社会化媒体对外传播路径》，对外传播杂志，2010.10

【10】查克·布莱默（Chuck Brymer）. 互联网营销的本质•点亮社群. 北京：东方出版社，2010

【11】马西森（Rick Mathieson）. 营销十法:社交网络时代成功企业怎样推广品牌. 北京：人民邮电出版社，2011

【12】小蜜蜂的口碑传播：http://bbs.paidai.com/topic/62426.

【13】派代网：1 天 1 万注册用户. http://bbs.paidai.com/topic/62426.

【14】冯利芳，《Lady Gaga 和品牌共造声势》. 成功营销. 北京，2011.7

【15】徐春梅. Facebook 等促宝洁广告策略生变. 中国经营报. 报纸日期 2012-02-11　徐春梅　出版地是 北京

【16】詹少青. 玩转促销. http://www.marketing-life.cn/?p=3335

【17】Socialbeta: http://www.socialbeta.cn/

【18】艾瑞网: http://www.iresearch.cn/

致　　谢

本书是笔者多年来与朋友、同事、网友进行对话交流之后取得的成果。笔者对所有提供过帮助的人都心存感激，在此表示衷心的感谢。

感谢杨升、张惜芬、杨阚波、唐兴娟、唐婷婷、唐玉、邵培仁、杨伯溆、唐润华、彭兰、胡延平、曹虎、车品觉、刘京雷、何丹、杨曦沦、徐智明、任鑫、何镇飚、江山、海云飞、李梦杰、陈亮途、Webleon、Yule、Dosou、李金宇、刘晨亮、李德群、宋亚芝、叶秉喜、张丽君、刘坚、危烽、谢先龙、蒋杰、张明亮、朱香顺、陈恩凯、张倬嘉、朱俊宇、程景瑞、程伟荣等在本书写作过程中对笔者直接、间接的帮助。谢谢钟伟荣同学在完稿后进行的文字校稿工作。

感谢清华大学出版社的夏非彼、王金柱在本书编辑、出版过程中给予的支持和帮助。

感谢邵培仁、杨伯溆、唐润华、杜熙、刘磊、叶茂中、彭兰、吴声、姜旭平、杨伟庆、胡延平、曹虎在百忙之中提出宝贵意见并撰写推荐语。

感谢在微博上与笔者互动交流的朋友、粉丝，感谢其他社会化媒体平台上的好友。

唐兴通于清华园